OS ENSINAMENTOS DO
IMPERADOR ESTÓICO

MEDITAÇÕES

MARCO AURÉLIO

© 2022 by Book One
Todos os direitos de tradução reservados e protegidos pela Lei 9.610 de 19/02/1998. Nenhuma parte desta publicação, sem autorização prévia por escrito da editora, poderá ser reproduzida ou transmitida sejam quais forem os meios empregados: eletrônicos, mecânicos, fotográficos, gravação ou quaisquer outros.

Tradução	Rafael Bisoffi
Preparação	Letícia Nakamura
Revisão	Mariana Martino Silvia Yumi FK
Arte	Francine C. Silva
Capa	Renato Klisman
Diagramação	Aline Maria

Dados Internacionais de Catalogação na Publicação (CIP)
Angélica Ilacqua CRB-8/7057

A945m   Marco Aurélio, Imperador de Roma, 121-180
Meditações do imperador de Roma / Marco Aurélio; tradução de Rafael Bisoffi. – São Paulo: Excelsior, 2022.
192 p.
Bibliografia
ISBN 978-65-87435-85-5

1. Filosofia antiga 2. Estoicos I. Título II. Bisoffi, Rafael

22-2818   CDD 188

SIGA NAS REDES SOCIAIS:
@editoraexcelsior
@editoraexcelsior
@edexcelsior
@editoraexcelsior

editoraexcelsior.com.br

Tipografia	Alegreya
Impressão	Ipsis

OS ENSINAMENTOS DO
IMPERADOR ESTÓICO

MEDITAÇÕES

MARCO AURÉLIO

EXCELSIOR
BOOK ONE

SÃO PAULO
2022

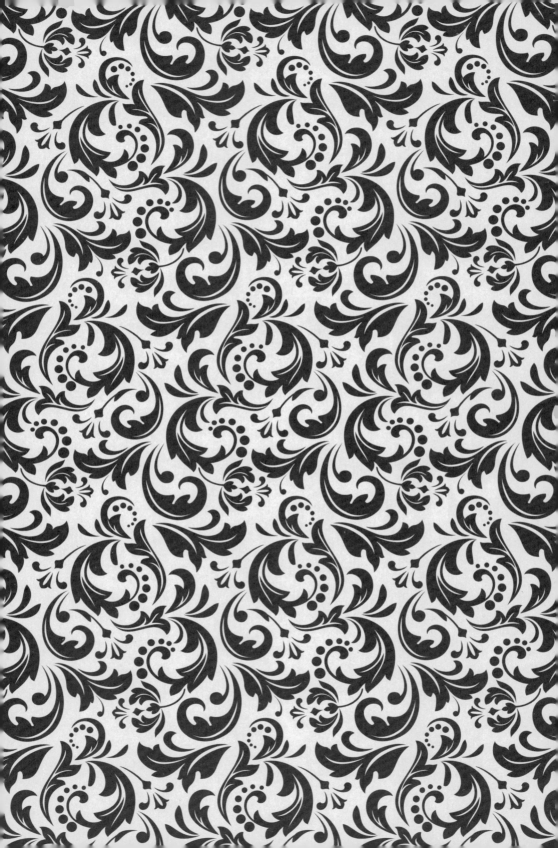

Seu Primeiro Livro
concernente A SI MESMO:

No qual Antonino registra o que e de quem ele aprendeu, seja de pais, de amigos ou de mestres, por seus bons exemplos ou bons conselhos e sugestões:

Dividido em números ou seções.

Antonino, livro VI, num. XLVI. Quando quiseres regozijar-te, pensa e medita sobre as boas partes e dons especiais que observaste em qualquer um que viva contigo:

Por exemplo, em um, o engenho; em outro, a modéstia; em outro, a generosidade; em outro, alguma outra qualidade. Pois nada poderá alegrar-te tanto quanto as semelhanças e os paralelos das diversas virtudes destacadas nas disposições daqueles que vivem contigo, em especial quando, por assim dizer, elas se apresentam para ti todas de uma só vez. Cuida, então, para que as tenha sempre de prontidão.

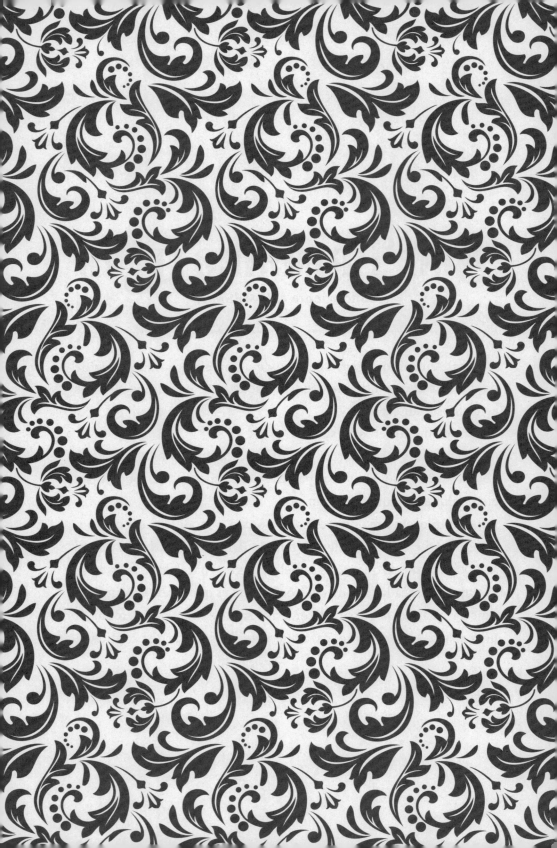

Livro Primeiro

I. De meu avô, Vero, aprendi a ser gentil e manso, e a abster-me de toda raiva e perturbação emocional. Da fama e memória daquele que me gerou, aprendi tanto o decoro como o comportamento viril. De minha mãe, aprendi a ser religioso e caridoso; e a abster-me, não apenas de fazer, mas de pretender qualquer mal; a contentar-me com parca dieta e a pairar por todo excesso como fortuito para a grande riqueza. De meu bisavô, tanto a frequentar as escolas e os auditórios públicos, e a ter professores bons e aptos em casa; e não devo pensar muito, se em tais ocasiões, estive em cobranças excessivas.

II. Daquele que me criou, aprendi a não ser afetuosamente viciado em qualquer uma das duas maiores facções nas corridas do circo, chamadas prásinos e vênetos; e a não favorecer com parcialidade nenhum dos gladiadores ou esgrimistas no anfiteatro, fossem parmulários ou secutores. Além disso, aprendi a suportar o trabalho; a não precisar de muitas coisas; quando preciso fazer algo, a fazê-lo por minha própria conta e não pela dos outros; a não me envolver com muitos negócios; e a não admitir com facilidade qualquer difamação.

III. De Diogneto, aprendi a não me ocupar de coisas vãs, e a não acreditar facilmente naquilo que é dito por aqueles que alegam praticar milagres, e por feiticeiros, ou por ilusionistas, e por impostores a respeito do poder de amuletos para expulsar demônios e espíritos malignos; e semelhantes. A não manter codornas para o jogo nem a ficar aborrecido por tais coisas. A não ficar ofendido pela liberdade de expressão de outras pessoas, e a dedicar-me à filosofia. A ele também devo agradecer por ter ouvido, pela primeira vez, de Báquio, depois de Tandasis e de Marciano, e por ter escrito diálogos em minha juventude; e por ter tomado gosto pelo pequeno divã e pela pele dos filósofos, e outras coisas desta natureza, que, pela disciplina grega, são apropriadas àqueles que professam a filosofia.

IV. A Rústico sou devedor por, pela primeira vez, eu ter adentrado a ideia de que minha vida necessitava de correção e restabelecimento. E então não caí na ambição dos sofistas ordinários, seja de escrever tratados sobre teoremas comuns, seja de exortar os homens à virtude e ao estudo da filosofia por meio de Discursos públicos. Também porque nunca me dispus, para fins de ostentação, a exibir-me como pessoa ativa e Apta em qualquer tipo de atividade física. E porque abandonei o estudo da retórica, e da poesia, e da linguagem elegante e refinada. Porque não costumava perambular pela casa em meu manto longo nem fazer coisas semelhantes. Ademais, aprendi dele a escrever cartas sem afetação ou curiosidade; assim ele escreveu, de Sinuessa, uma para minha mãe; e a ser fácil e pronto para a reconciliação, e a alegrar-me novamente com aqueles que me haviam ofendido assim que qualquer um deles viesse me procurar novamente. A ler com diligência; a não me satisfazer com conhecimento leve e superficial nem a concordar rapidamente com as coisas comumente ditas; a ele também devo agradecer por ter encontrado Epiteto com seu *hypomnemata* ou comentários morais e composições comuns; ele me deu sua própria edição.

V. De Apolônio, aprendi a verdadeira liberdade, e a firmeza invariável, e a não considerar nada em absoluto, por menor que fosse, a não ser o correto e o razoável; e sempre, seja na dor mais aguda, seja na perda de um filho, seja em longos adoecimentos, a ainda ser a mesma pessoa. Ele também foi um exemplo presente e visível para mim de que era possível ser, ao mesmo tempo, veemente e desleixado; uma pessoa que não se sujeitava a aborrecer-se e ofender-se com a incapacidade de seus alunos e dos ouvintes de suas aulas e exposição; o verdadeiro exemplo de uma pessoa o qual menos estimava em si mesmo todos os seus dons e faculdades que sua excelente habilidade e destreza em ensinar e persuadir todos a respeito dos teoremas e máximas comuns da filosofia estoica. Dele também aprendi a receber favores e gentileza (como eram comumente relatados) de amigos, de modo a não me tornar desagradável para eles por tais ofertas; e a não lhes retribuir em excesso na ocasião, para além daquilo que me seria justo; e, ainda assim, o suficiente para que eu não parecesse a eles uma pessoa insensível e ingrata.

VI. DE SEXTO, APRENDI BRANDURA E o exemplo de uma família governada com afeição paternal; e um propósito de viver de acordo com a natureza; a ser sério sem afetação; a observar com cuidado a disposição de meus amigos, a não me ofender com idiotas, a não atacar irracionalmente aqueles levados por opiniões vulgares, por teoremas e princípios de filósofos; sua conversa era um exemplo de como uma pessoa pode se acomodar a todos os homens e companhias, de tal modo que sua companhia era mais doce e mais agradável do que os argumentos e bajulações de qualquer adulador. Ainda assim, ela era, ao mesmo, a mais respeitada e reverenciada. Ele também tinha uma felicidade apropriada e a faculdade de, racional e metodicamente, encontrar e organizar todas as determinações e instruções necessárias para a vida de uma pessoa. Uma pessoa sem a mais remota aparência de raiva ou qualquer outra perturbação emocional; ele era capaz, ao mesmo tempo, de manter com a maior exatidão a *apathia* estoica – ou ausência de perturbação emocional –, e, ainda assim, ter o coração mais sensível; sempre tinha bom crédito, e, ainda assim, sem qualquer estardalhaço ou rumor; era muito estudado, e, ainda assim, sem exibicionismo.

VII. DE ALEXANDRE, O GRAMÁTICO, APRENDI a ser, eu mesmo, irrepreensível, e a não repreender com censura qualquer pessoa por barbarismo, ou por erro, ou por pronúncia incorreta, mas, destramente, por meio de uma resposta, ou de testemunho, ou de confirmação a respeito do mesmo assunto (não fazendo menção à palavra), a pronunciá-lo como deveria ter sido dito; ou, por algum outro aviso similar e indireto, adverti-lo disso com generosidade e civilidade.

VIII. DE FRONTÃO, APRENDI A QUANTA inveja, e fraude, e hipocrisia o Estado de um rei tirano está sujeito, e como aqueles comumente chamados de εὐπατρίδαι[1], isto é, os nascidos da nobreza, são, por algum motivo, incapazes de afeição natural.

IX. DE ALEXANDRE, O PLATÔNICO, APRENDI a não dizer e a não escrever em carta para uma pessoa com frequência nem sem grande necessidade, "não tenho tempo livre"; nem, desta forma, a negligenciar aquelas obrigações que devemos a amigos e conhecidos (a cada um conforme seu tipo) sob a desculpa de questões urgentes.

X. DE CATULO, APRENDI A NÃO desprezar a reclamação de algum amigo, ainda que injusta, mas a esforçar-me a trazê-lo à sua disposição anterior; a falar bem, com liberdade e sinceridade, de todos os meus mestres na ocasião apropriada, como é relatado de Domício e Atenodoto; e a amar meus filhos com verdadeira afeição.

XI. DE MEU IRMÃO SEVERO, APRENDI a ser gentil e amoroso com todos de minha casa e família; dele também aprendi sobre Trásea e Helvídio, e Catão, e Dião, e Bruto. Foi também ele quem me demonstrou, pela

---

[1]Em grego no original (lê-se "eupatrídai"). O significado vem no aposto, na sequência. (N.T.)

primeira vez, o conceito e o desejo de uma comunidade uniforme, administrada pela justiça e pela igualdade; e de um reino no qual nada mais seria observado senão a prosperidade e o bem-estar de seus súditos. Dele também aprendi a manter um propósito constante (ininterrupto, sem quaisquer outros cuidados ou distrações) no estudo e na estima da filosofia; a ser generoso e liberal na maior medida; a sempre esperar pelo melhor; e a ter confiança de que meus amigos me amam. Nele, além disso, observei uma conduta aberta em relação àqueles a quem reprovava em qualquer momento, de tal modo que seus amigos poderiam, sem sombra de dúvida ou sem muita atenção, saber o que ele faria, ou não faria, tão aberto e direto ele era.

XII. DE CLÁUDIO MÁXIMO, APRENDI A tentar, em todas as coisas, manter o controle sobre mim mesmo e não me deixar levar por nada; a ser alegre e corajoso em todos os acontecimentos e acidentes repentinos, como na doença; a amar a brandura, e a moderação, e a seriedade; e a cumprir meu dever, qualquer que fosse, até o fim, e sem reclamar. O que quer que ele dissesse, todos os homens acreditavam quando ele falava, porque ele pensava e fazia tudo com boa intenção. Seu método era nunca se surpreender com nada; nunca se apressar e, ainda assim, nunca se demorar; não ficar perplexo nem abatido; nunca rir de modo inapropriado nem excessivo; não ficar enraivecido nem desconfiado, mas sempre preparado para fazer o bem, e perdoar, e dizer a verdade; e tudo isso como alguém que mais parecia justo e correto por sua própria conta, que alguém corrigido ou remediado por outrem; nunca houve pessoa que se considerasse desvalorizado por ele; nem que encontrasse no seu coração o pensamento de que seria melhor do que ele. Ele também era muito agradável e gracioso.

XIII. EM MEU PAI, OBSERVEI MANSIDÃO; sua constância sem vacilação naquilo que, depois de um exame devido e deliberado, ele houvesse determinado. Como se portava livre de toda vaidade no que tocava à honra e à dignidade (posto que sejam estimadas); sua dedicação e assiduidade, sua prontidão para ouvir qualquer pessoa que tivesse qualquer coisa para dizer em prol do bem comum; como ele dava a cada um o seu devido, de modo geral e imparcial; sua destreza e conhecimento, quando rigor ou extremismo ou quando descuido e moderação estavam em moda; como ele se abstivera de todo amor impudico da juventude; sua moderada condescendência às ocasiões de outras pessoas como uma pessoa comum, nunca exigindo que seus amigos o esperassem em suas refeições comuns nem que devessem, por obrigação, acompanhá-lo em suas jornadas; e quando, em qualquer momento, algum negócio era para ser adiado e omitido antes que pudesse ser encerrado, ele, quando voltasse, era sempre a mesma pessoa de antes. Seu exame preciso das questões, quando consultado, e a escuta paciente dos outros. Ele não desistira apressadamente da busca por resposta, como alguém facilmente satisfeito com noções e apreensões repentinas. Seu cuidado para preservar os amigos; como nunca ele se portaria diante deles com negligência desdenhosa, nem se aborrecer deles; e, ainda assim, nunca estar loucamente afeiçoado a eles. Sua mente satisfeita com tudo, seu semblante alegre, seu cuidado de prever as coisas à distância e a receber ordem do mais baixo, sem ruído nem clamor. Em adição, como toda aclamação e bajulação eram reprimidas por ele; como ele observava cuidadosamente todo o necessário para o governo e mantinha registro de todos os gastos comuns, e como ele pacientemente tolerava quando era repreendido por alguns em razão desse seu tipo de negócio estrito e rígido. Como ele não era um adorador supersticioso dos deuses nem um ambicioso adulador de homens ou ardente pelo aplauso popular; mas sóbrio em tudo, e em todos os lugares cumpridor do que era apropriado; nunca fingidor de novidades: naquilo que o levavam à paz e à conveniência (sua fortuna podia lhe bancar muitas dessas coisas), sem orgulho nem bazófia, e, ainda assim, com toda liberdade e autonomia, de tal forma que as aproveitava de modo livre sem qualquer ansiedade nem afetação quando eram presentes; quando ausentes, não via necessidade delas. Além disso, ele nunca era elogiado por pessoa alguma, fosse como agudo erudito, fosse como obediente oficioso, fosse como orador refinado; mas como pessoa madura e formada, uma perfeita pessoa sã; alguém que não toleraria ser bajulado; capaz de governar a si mesmo e aos outros. Ademais, como ele honrava todos os verdadeiros filósofos, sem repreender os que não o eram; sua sociabilidade, sua conversa graciosa e agradável, mas nunca à saturação; o seu cuidado com o corpo dentro dos limites e medidas, não como alguém que desejasse viver longamente nem dedicado em excesso ao refinamento e à elegância. Ainda assim, não como alguém que o desconsiderasse, de tal forma que, por seu cuidado e providência, ele raras vezes precisava tomar remédio ou aplicações tópicas; mas, em especial, como ele engenhosamente se rendia a qualquer um que obtivesse uma faculdade peculiar, como a eloquência, ou o conhecimento das leis, ou dos costumes antigos, ou semelhantes; e como ele contribuía com eles, com seu maior cuidado e esforço, para que cada um, a seu modo, por aquilo em que tinham excelência, recebessem consideração e estima; e, ainda que fizesse todas essas coisas com cuidado, de acordo com os costumes de seus antepassados, mesmo assim ele não era desejoso de que as outras pessoas notassem que ele, de fato, imitava os costumes antigos. Novamente, como ele não era afetado com facilidade nem perturbado, mas amava ser constante, tanto nos mesmos lugares como nos mesmos negócios; e como, após seus ataques de dor de cabeça, ele voltava fresco e vigoroso a suas ocupações usuais. Ainda que, quanto a segredos, ele não tinha muitos deles, nem frequentemente, e apenas os que concerniam aos assuntos públicos; sua discrição e moderação em aparecer nas demonstrações e apresentações públicas para agrado e passatempo do povo, em prédios públicos, cerimônias de dádivas e semelhantes. Em todas essas coisas, ele tinha respeito às pessoas apenas enquanto homens, e na medida da equidade das coisas em si, e não pela glória que pudesse decorrer dali. Nunca acostumado a usar os banhos em horas inoportunas; nunca um construtor; nunca curioso nem preocupado, seja com sua carne, seja com o acabamento ou a cor das roupas, seja com qualquer coisa pertencente à beleza exterior. Em todas as conversas, ficava longe de qualquer desumanidade, de qualquer ousadia, de qualquer incivilidade, de qualquer ganância e impetuosidade. Nunca fazia nada com tanto afinco e intenção que alguém poderia dizer que suava por causa disso; mas, pelo contrário, fazia tudo distintamente como se tivesse tempo livre; sem transtorno; de modo organizado, são e agradável. Alguém pode aplicar a ele o que se registrou a respeito de Sócrates: que ele sabia desejar e aproveitar as coisas, em cujo desejo a maioria dos homens mostram-se fracos; e em cuja fruição, destemperados; porém, manter-se firme e constante e dentro do compasso da verdadeira moderação e sobriedade em qualquer um dos estados é próprio de uma pessoa que tinha uma alma perfeita e invencível, tal qual demonstrou no padecimento de Máximo.

XIV. DOS DEUSES, RECEBI BONS AVÓS e pais, uma boa irmã, bons mestres, bons servos domésticos, parentes amorosos, quase tudo que tenho; e nunca agredi nenhum deles com pressa nem precipitação, ainda que essa fosse minha disposição, posto que isso (se houvesse ocasião) poderia muito bem ter sido cometido por mim; contudo, foi misericórdia dos deuses impedir que as coisas chegassem a esse ponto, de modo a levar-me a incorrer em culpa. Que eu não tenha sido criado pela concubina do meu pai; que eu preservasse a flor de minha juventude. Que eu não quisesse tornar-me pessoa dantes do tempo, mas o adiasse por mais tempo do que o necessário. Que eu tenha vivido sob o governo de meu senhor e pai, que me afastou de todo orgulho e vanglória, e apresentou-me ao conceito e opinião de que não era impossível para um príncipe viver na corte sem uma tropa de guardas e seguidores, aparatos extraordinários, tais e tais tochas e estátuas, e outras particularidades de Estado e magnificência; mas que uma pessoa poderia limitar-se e diminuir-se quase ao estado de uma pessoa privado, e, ainda assim, apesar de tudo isso, não se tornar vil nem remisso nas questões e assuntos públicos, nos quais poder e autoridade são requisitos. Que eu tivesse um tal irmão que, por seu próprio exemplo, me motivou a pensar em mim mesmo; e, com seu respeito e amor, deleitou-me e agradou-me. Que eu tivesse filhos inteligentes, e que eles não tenham nascido distorcidos nem com qualquer deformidade natural. Que eu não tenha sido proficiente no estudo da retórica e da poesia, e outras faculdades em que eu, por acaso, me delongasse, se eu me visse prosseguindo com sucesso nelas. Que eu tivesse, às vezes, preferido aqueles que me criaram a certos lugares e dignidades que eles pareciam tanto desejar para mim; e que eu não tenha prolongado a esperança e a expectativa de que (já que eles ainda eram jovens) eu fizesse o mesmo que eles. Que eu tenha conhecido Apolônio, Rústico e Máximo. Que eu tenha tido ocasião, com frequência e efetividade, de considerar e meditar comigo mesmo no que concerne à vida em acordo com a natureza, no que é a natureza e o modo dela, de tal forma que, no que toca aos deuses e tais sugestões, ajudas e inspirações que poderiam ser esperadas deles, nada foi um entrave, mesmo que eu pudesse ter começado a viver muito antes em acordo com a natureza, ou que, mesmo quando eu ainda não era um participante nem possuidor de tal vida no momento, que eu próprio (enquanto eu ainda não observava esses movimentos e sugestões internas, de fato e quase diretas e aparentes instruções e admoestações dos deuses) fora a causa disso. Que meu corpo, com tal vida, tenha sido capaz de resistir por tanto tempo. Que eu nunca tenha me envolvido com Benedita nem com Teodoto; mesmo depois que tive surtos de amor, logo fui curado. Que, tendo me indisposto com Rústico, eu não lhe tenha feito nada de que eu pudesse me arrepender depois. Que, uma vez determinado que minha mãe morresse jovem, que ela ainda vivesse comigo seus últimos dias. Que, sempre que tive o propósito de ajudar e socorrer alguém que fosse pobre ou que tivesse caído em necessidade, eu nunca tenha ouvido de meus oficiais que não houvesse dinheiro o suficiente de prontidão para fazê-lo; e que eu mesmo nunca tenha tido ocasião de necessitar de tal socorro de outra pessoa. Que eu tenha tido minha esposa, tão obediente, tão amorosa, tão inteligente. Que eu tenha feito a escolha de homens preparados e aptos, a quem eu pudesse encarregar da criação de meus filhos. Que, por sonhos, eu tenha recebido ajuda, assim como por outras coisas, em particular, como pude estancar minha hemorragia e curar minha tontura, tal qual acontecera contigo em Cajeta, como a Crises quando rezou na costa do mar. E, quando eu, pela primeira vez, dediquei-me à filosofia, que eu não tenha caído na mão de certos sofistas, nem despendido meu tempo lendo incontáveis volumes de filósofos ordinários, nem praticado a solução de argumentos e falácias, nem me delongando com os estudos de meteoros e outras curiosidades naturais. Todas essas coisas, sem assistência dos deuses e do destino, não poderiam ter ocorrido.

XV. No país dos quados em Grânua, estas notas. Logo pela manhã, dize a ti mesmo, hoje terei de lidar com uma pessoa desocupada e curiosa, com uma pessoa ingrata, com uma pessoa ofensiva, austuciosa, falsa ou invejosa; com uma pessoa insociável e maldizente. Todos esses defeitos acometeram a eles por meio do desconhecimento daquilo que é verdadeiramente bom e verdadeiramente mau. Mas eu entendo a natureza do que é bom, é a única coisa a ser desejada; e daquilo que é mau, a única coisa deplorável e vergonhosa. Entendo, além disso, que este transgressor, quem quer que seja, é meu parente, não pelo mesmo sangue nem semente, mas por participar da mesma razão e da mesma partícula divina. Como posso ser ferido por qualquer um deles, já que não está em poder de nenhum deles fazer-me incorrer naquilo que é de fato reprovável? Ou como posso ficar irritado, ou ter má vontade diante daquele que, por natureza, é tão próximo de mim? Porque todos nascemos para sermos companheiros de trabalho, como os pés, as mãos e as pálpebras; como as fileiras dos dentes superiores e inferiores; para estes, estar em conflito é contra a natureza; e o que é irritar-se e ter aversão, senão estar em conflito?

XVI. O QUE QUER QUE EU seja é carne, ou vida, ou aquilo a que comumente se chama de senhora e parte dominante do ser humano: a razão. Fora com teus livros, não permitas mais que tua mente se distraia e seja levada para lá e para cá; e ela não será; mas, mesmo diante da morte, faze pouco caso de tua carne: sangue, ossos e pele, uma bela peça de tricô e um trabalho retorcido, consistindo de nervos, veias e artérias; mas não penses que seja mais do que isso. E de tua vida, considera o que é; um sopro de vento, um vento que nem sequer é constante, mas que sopra a cada hora, depois para. A terceira é tua parte dominante, e aqui considera: tu és uma pessoa velha, não aceites que essa parte excelente seja posta em submissão e torne-se servil; não aceites que seja arrastada para cima e para baixo com luxúrias e emoções irrazoáveis e insociáveis, como se fosse com cabos e nervos; não aceites que resmungue contra algo presente ou que tema e fuja daquilo que virá e que o destino apontou para ti.

XVII. O QUE QUER QUE PROCEDA imediatamente dos deuses, que concederão a qualquer pessoa, depende totalmente de sua providência divina. Quanto àquilo que se costuma dizer que acontece por destino, mesmo isso deve ser concebido como algo dependente da natureza, ou daquela conexão primeira e geral, e da concatenação de todas essas coisas que aparentam ser mais bem administradas e levadas a cabo pela providência divina. Todas as coisas fluem daí, e tudo o que é requisito e necessário para a preservação do geral, deve, por necessidade, ser bom e adequado para cada natureza particular. E quanto ao todo, este é preservado pela mutação e conversão de um elemento simples um para o outro, e também pela mutação e alteração das coisas misturadas e compostas. Deixa que isto baste para ti; deixa que seja sempre para ti como tuas regras gerais e preceitos. Quanto à tua sede por livros, fora com toda essa pressa; que tu não morras murmurando nem reclamando, mas realmente manso e bem satisfeito, e, de teu coração, sê grato aos deuses.

Livro Segundo

I. Lembro-me por quanto tempo já postergaste tais coisas, e com qual frequência negligenciaste certo dia e hora, por assim dizer, que os deuses haviam determinado para ti. É chegada a hora de entenderes a verdadeira natureza do mundo do qual és parte; e do Senhor e Governante do mundo, de quem, como um canal que vem da fonte, tu mesmo fluíste. E que há apenas certo limite de tempo reservado para ti, o qual, se não usares para acalmar-te e aliviar os vários destemperos de tua alma, passará, e tu com ele, e nunca mais retornarás.

II. Faze de teu cuidado mais sério e incessante, como romano e como pessoa, e desse modo executa qualquer coisa de que te encarregues com verdadeira e sincera gravidade, afeição natural, liberdade e justiça; e, quanto a todos os outros cuidados e imaginações, que possas livrar tua mente deles. O que farás com sucesso, se tratares cada ação como tua última, livre de toda vaidade, de toda perturbação emocional e de todo desvio voluntarioso da razão, de toda hipocrisia e amor-próprio, e da aversão às coisas que, por determinação dos fados ou de Deus, aconteceram a ti. Tu vês que estas coisas que são requisito e necessárias para que uma pessoa leve um curso de vida próspero e divino não são muitas, pois os deuses não exigirão nada mais de uma pessoa, apenas que guarde e observe estas coisas.

III. Vai, alma, vai; abusa e despreza a ti mesma; mais um momento e o tempo para que respeites a ti mesma está logo ali. A felicidade de cada pessoa depende dele mesmo, mas eis que tua vida está quase no fim; enquanto não te dedicas respeito, fazes tua felicidade consistir nas almas e conceitos de outras pessoas.

IV. Por que deveria qualquer uma dessas coisas que acontecem externamente distrair tanto a ti? Dá a ti mesmo tempo para aprenderes algo bom, e para de vagar e de perambular para lá e para cá. Deves também prestar atenção a outro tipo de perambulação, porque são inúteis em suas ações aqueles que se estafam e labutam nesta vida e não têm um foco certeiro para o qual dirigir todos seus movimentos e desejos.

V. Quase nenhuma pessoa foi conhecida como infeliz por não observar o estado de alma de algum outro. Dize àqueles, quem quer que sejam, que não planejam nem guiam pela razão os movimentos de suas almas, que eles devem, por necessidade, ser infelizes.

VI. Estas coisas deves ter sempre em mente: o que é a natureza do universo, e qual é a minha – em particular: isto e aquilo com que se relaciona: que tipo de parte, que tipo de universo é este: E que não há ninguém que possa interferir-te, mas podes sempre tanto fazer como falar aquilo que está de acordo com a natureza da qual és parte.

VII. Teofrasto, quando compara pecado a pecado (e concedo que tais coisas possam ser comparadas com um senso vulgar), diz, bem e como um filósofo, que pecados cometidos com luxúria são maiores do que os cometidos com raiva. Porque quem está com raiva parece estar com um tipo de tristeza e contraído em si mesmo para desviar-se da razão; mas quem peca por luxúria, estando dominado pelo prazer, revela, por esse mesmo pecado, uma disposição mais impotente e menos viril. Muito bem; e, como um filósofo, ele afirma que o mais condenável dos dois é aquele que peca com prazer, do que aquele que peca com tristeza. Pois, de fato, este último pode parecer o primeiro a ter cometido um erro, e tanto que, de algum modo, pela tristeza, foi forçado a ter raiva, enquanto aquele que cometeu algo por luxúria, decidiu-se apenas diante da ação.

VIII. O QUE QUER QUE AFETES, o que quer que projetes, faze-o, e projeta tudo, como alguém que, por algum motivo, pode neste exato momento partir da vida. E quanto à morte, se houver deuses, não é triste deixar a sociedade dos homens. Os deuses não farão a ti nenhum mal, podes ter certeza disso. Mas, se for o caso de não haver deuses, ou de que eles não cuidem do mundo, por que deverias desejar viver em um mundo privado de deuses e de toda providência divina? Mas há deuses, com certeza, e eles cuidam do mundo; e quanto àquelas coisas que são mesmo perversas, com vício e maldade, tais coisas eles colocaram em poder dos homens para que as evitem, se desejarem; e se houvesse qualquer coisa além disso que em verdade fora má e perversa, eles também cuidariam para que os homens a evitassem. Mas por que se deveria pensar que aquilo que não pode, de modo algum, fazer uma pessoa melhor ou pior por si mesmo fere e prejudica sua vida neste mundo? Não devemos pensar que a natureza do universo deixou passar tais questões por ignorância nem que, se não por ignorância, por incapacidade de as prevenir ou as ordenar e dispô-las de modo melhor. Não pode ser que ela, por vontade de poder ou destreza, tenha cometido isso, de modo a tolerar tudo o que é bom e ruim, com igualdade e promiscuidade, e que aconteçam a todos tanto o bem como o mal. Portanto, quanto à vida, e à morte, e à honra e à desonra, à labuta e ao prazer, às riquezas e às pobrezas, todas essas coisas efetivamente acontecem às pessoas, tanto boas como ruins, igualmente; mas como coisas que não são, por si mesmas, nem boas nem ruins; porque, por si mesmas, não são nem vergonhosas nem elogiáveis.

IX. CONSIDERA QUÃO RAPIDAMENTE TODAS AS coisas são dissolvidas e acabadas: os corpos e as próprias substâncias, na matéria e na substância do mundo: e suas lembranças na era geral e tempo do mundo. Considera a natureza de todas as coisas sensíveis; daquelas, em especial, que enredam pelo prazer; ou que, por seu aborrecimento, são temíveis; ou aquelas que, por seu brilho e fulgor externos, são tidas em alta estima e procura; quão vis e desprezíveis, quão perversas e corruptíveis, quão destituídas de toda vida e ser verdadeiros elas são.

X. É PAPEL DE UMA PESSOA dotada com a faculdade do bom entendimento considerar que eles mesmos estão nos feitos dos quais os puros conceitos e vozes, honra e crédito procedem; também considerar o que é morrer, e como uma pessoa deve considerar apenas isto: morrer, e separar disso, em sua mente, tudo aquilo que habitualmente se representa a nós; ele não pode concebê-lo senão como obra da natureza, e aquele que teme uma obra da natureza é, de fato, uma criança. Agora, a morte não é apenas obra da natureza, mas também conduz à natureza.

XI. PONDERA CONTIGO MESMO COMO UMA pessoa, e por qual de suas partes, junta-se a Deus, e como essa parte da pessoa é afetada quando se diz que ela se dissolveu. Não há nada mais miserável do que uma alma que, em um tipo de circuito, perpassa todas as coisas, perscrutando (por assim dizer) até mesmo as profundezas da terra; e, por todos os sinais e conjecturas, fica bisbilhotando os pensamentos das almas de outras pessoas. Por isso, não é sensata, pois basta a uma pessoa aplicar-se como um todo, e confinar todos seus pensamentos e cuidados à guarda do espírito que está dentro dela, e servi-lo verdadeira e realmente. Seu serviço consistirá nisto: que uma pessoa mantenha-se pura de toda perturbação emocional violenta e de toda afetação perversa, de toda precipitação e vaidade, de toda forma de insatisfação, seja a respeito dos deuses ou de homens. Pois, de fato, o que quer que proceda dos deuses merece respeito por seu valor e excelência, e o que quer que proceda de homens, uma vez que são nossos semelhantes, deve ser considerado por nós com amor, sempre; às vezes, aquilo que procede de seu desconhecimento do que é bom e mau (uma cegueira, não menos do que aquela com a qual somos incapazes de distinguir o branco do preto) também deve ser considerado com certo tipo de piedade e compaixão.

XII. Se devesses viver três mil, ou até dez mil anos, ainda assim, lembra-te disto: que uma pessoa não pode separar-se da vida propriamente, salvo daquela pequena parte em que ela agora vive; e aquela em que ela vive não é outra senão aquela da qual ela se separa a cada instante. Aquela que é de duração mais longa, e aquela que é mais curta, ambas resultam no mesmo efeito. Porque, mesmo que, ao considerar-se o que já passou, possa haver desigualdade, ainda assim, aquele tempo que é agora presente e em existência é igual para todos os homens. E sendo aquilo de que nos separamos quando morremos, parece ser, manifestadamente, apenas um momento de tempo do qual nos separamos. Pois, quanto àquilo que passou ou que virá, não se pode dizer propriamente que uma pessoa possa se separar disso. Pois como poderia uma pessoa separar-se daquilo que não tem? Destas duas coisas, então, deves lembrar-te. Primeiro, que todas as coisas no mundo, desde toda a eternidade, por uma revolução perpétua das mesmas épocas e coisas sempre continuadas e renovadas, são de um único tipo e natureza, de tal forma que, seja por cem, seja por duzentos anos apenas, ou por um intervalo infinito de tempo, uma pessoa vê aquilo que é sempre o mesmo; não se trata da quantidade de tempo. Em segundo lugar, a vida da qual o vivente mais longevo, ou o vivente mais efêmero, se separa é, quanto à duração e extensão, a mesma, pois apenas aquilo que é presente pode ser perdido por qualquer um dos dois, posto que é tudo o que têm. Porque não se pode dizer que uma pessoa perdeu aquilo que não tem.

XIII. Lembra-te de que tudo é apenas opinião e conceito, pois essas coisas são simples e aparentes, como fora dito por Mônimo, o cínico; e simples e aparente é o uso que deve ser feito delas, se o que há de sério e verdadeiro nelas for recebido assim como aquilo que é doce e agradável.

XIV. A alma de uma pessoa faz mal e desrespeita a si mesma, antes de tudo e em especial, quando tudo o que há nela se torna um abscesso, como se fosse uma excrescência do mundo, pois estar triste e descontente com qualquer coisa que acontece no mundo é uma negação direta da natureza do universo da qual todas as naturezas particulares do mundo são parte. Em segundo lugar, quando ela é aversa a qualquer pessoa ou levada por desejos e afetações contrárias, com tendência ao seu prejuízo e ao dano, assim como são as almas daqueles que têm raiva. Em terceiro, quando é dominada por prazer ou por dor. Em quarto, quando dissimula e faz ou diz algo secreta e falsamente. Em quinto, quando finge ou tenta algo sem um fim certo, mas com impetuosidade e sem o devido raciocínio e consideração a respeito de quão consequente ou inconsequente isso é para a finalidade comum. Pois nem as menores coisas devem ser feitas sem a relação com uma finalidade, e a finalidade da criatura razoável é seguir e obedecer àquela que é a razão, por assim dizer, e à lei desta grande cidade e comunidade antiga.

XV. O tempo de vida de uma pessoa é um ponto; sua substância flui eternamente, o sentido é obscuro; e toda a composição do corpo tende à corrupção. Sua alma não tem descanso, seu destino é incerto, sua fama é duvidosa; em resumo, como um fio de água, assim são todas as coisas pertencentes ao corpo; como sonho ou como fumaça são as que pertencem à alma. Nossa vida é guerra e mera peregrinação. Fama após a vida não é melhor do que esquecimento. O que aderirá e permanecerá, então? Só uma coisa: a filosofia. E a filosofia consiste apenas disto: de uma pessoa preservar o espírito dentro de si livre de toda sorte de afrontas e injúrias, e, acima de tudo, de todas as dores e prazeres; nunca fazer nada impetuosamente, nem fingidamente, nem hipocritamente; depender por completo de si mesmo e de suas próprias ações corretas; abraçar de modo contente todas as coisas que lhe acontecem como vindas daquele de que ele também veio; e, sobretudo, com toda mansidão e alegria calma, esperar a morte como nada menos do que a dissolução daqueles elementos que compõem cada criatura. E se os próprios elementos não sofrem nada com essa perpétua conversão de um para o outro, com essa dissolução e alteração, que são tão comuns a todos, por que deveriam ser temidos por alguém? Isso não está de acordo com a natureza? Mas nada que está de acordo com a natureza pode ser mau.

Enquanto eu estava em Carnunto.

Livro Terceiro

I. Uma pessoa não deve apenas considerar como sua vida é diariamente desgastada e dimiuída, mas também isto: que se viver por longo tempo, não pode ter certeza de que seu juízo continuará apto e suficiente, tanto para a consideração prudente nas questões de negócios como para a contemplação, sendo aquilo de que depende tanto o conhecimento das coisas divinas quanto das humanas. Porque, se em algum momento ele começar a caducar, sua respiração, alimentação, imaginação, apetite e outras faculdades naturais podem continuar as mesmas: delas não terá necessidade. Mas como fazer esse uso correto de si, tal qual ele deve; como observar exatamente tudo aquilo que é correto e justo; como corrigir e retificar todo erro ou apreensões e imaginações repentinas, e mesmo, em particular, se ele deve viver mais tempo ou não para considerar a virtude; pois todas essas coisas têm a força e o vigor da mente como os maiores requisitos, e seu poder e habilidade terão passado. Deves apressar-te, então; não apenas porque a cada dia estás mais próximo da morte, mas também porque a faculdade intelectual em ti, pela qual estás apto a saber a verdadeira natureza das coisas e ordenar todas as ações com conhecimento, desgasta-se e decai dia a dia, ou pode falhar para ti antes que morras.

II. Isto deves observar também: que qualquer coisa que deva acontecer naturalmente a coisas naturais tem em si mesma um quê de prazeroso e agradável; como um pão quando é assado, partes dele se racham, por assim dizer, e partem-se em pedaços e formam uma crosta de si que é áspera e desigual. Ainda assim, essas partes, ainda que contra a arte e a intenção do próprio assar, são fendidas e separadas; elas deveriam ser e foram feitas, de primeira, todas iguais e uniformes; apesar disso, elas ficam bem, e têm certa propriedade particular de despertar o apetite. Assim os figos são considerados melhores e mais maduros quando começam a encolher e a murchar, por assim dizer. Assim as azeitonas, quando próximas da putrefação, aí é que estão em sua beleza satisfatória. O cacho das uvas pendurado – a fronte de um leão, a baba de um javali selvagem espumante, e muitas outras coisas, ainda que sejam consideradas por si mesmas distantes da beleza, porque acontecem de maneira natural, são atraentes e deleitosas; então, se uma pessoa considerar todas as coisas do mundo com mente e apreensão profundas – mesmo as questões que são meros acessórios ou apêndices naturais, por assim dizer –, dificilmente aparecerá para ele qualquer coisa na qual não encontre prazer e deleite. Assim, ele encarará com tanto prazer o verdadeiro rito das bestas selvagens quanto aqueles imitados por pintores habilidosos e outros artífices. Então ele será capaz de perceber a verdadeira madureza e a beleza da idade velha, tanto no pessoa quanto na mulher; e o que quer que seja belo e atraente em qualquer coisa, com olhos castos e contidos ele logo aprenderá a discernir. Essas e muitas outras características ele discernirá, não críveis para todos, mas apenas para aqueles que são real e familiarmente conhecidos, tanto da natureza quanto das coisas naturais.

III. Hipócrates, tendo curado muitas doenças, caiu doente e morreu. Os caldeus e astrólogos, tendo previsto a morte de outros, foram, eles mesmos, surpreendidos pelos fados. Alexandre, Pompeu e Caio César, tendo destruído muitas cidades, e tendo cortado no campo tantos milhares de cavalos e pés, foram eles mesmos, enfim, obrigados a separar-se de suas próprias vidas. Heráclito, tendo escrito tantos tratados a respeito do incêndio final do mundo, morreu em seguida cheio de água, envolto em sujeira e esterco. Piolhos mataram Demócrito; e Sócrates morreu por um outro tipo de praga: homens ímpios e perversos. Como fica, então, o caso? Tomaste um barco, navegaste, alcançaste a terra; sai, se fores para outra vida; lá também encontrarás deuses, que estão em todo lugar. Se toda a vida e toda sensação cessarem, então tu cessarás também de ser sujeito a dores ou prazeres; e de cuidar e servir a esta cabana vil, mais vil ainda de acordo com a excelência daquele que a administra; este sendo substância racional e espírito, aquela sendo nada além de terra e sangue.

IV. Não dispendas o restante de teus dias com pensamentos e imaginações a respeito de outras pessoas quando isso não está relacionado a determinado bem comum, quando ficas impedido, por isso, de realizar obra melhor. Isto é, não dispendas teu tempo pensando no que tal pessoa fez, e com qual finalidade, no que ele disse e o que pensa, e aquilo de que trata, e outras questões semelhantes e curiosidades que fazem uma pessoa divagar e perambular para longe do cuidado e da observação da parte racional e dominante de si. Vê, portanto, o conjunto inteiro e a conexão de teus pensamentos, para que tenhas cuidado de evitar tudo que é inútil e impertinente; mas, em especial, o que seja curioso e malicioso; e deves levar-te a pensar apenas a respeito daquelas coisas que, se uma pessoa de repente perguntasse a ti sobre o que pensas naquele instante, poderias responder Isso e Aquilo, com liberdade e coragem, de tal forma que, por teus pensamentos, deveria parecer que tudo em ti é sincero e pacífico; como se torna alguém feito para a sociedade, e não encara prazeres nem se rende a imaginações voluptuosas em absoluto, livre de toda contenda, inveja e suspeição, e de tudo aquilo de que te enrubescerias ao confessar a que dedicas teus pensamentos. Aquele que age assim tem certeza de que não posterga o ato de dominar aquilo que é, de fato, melhor, um verdadeiro sacerdote e ministro dos deuses, bem conhecido e em boa relação com aquele que está assentado e posto dentro de si mesmo, como em um templo e sacrário; a quem ele mantém e preserva a si mesmo imaculado de prazeres, destemido da dor; livre de toda sorte de erro ou de infâmia; ofertado de si para si; incapaz de qualquer mal para os outros; um lutador da melhor sorte, e para o prêmio mais elevado, de tal forma que ele não pode ser derrubado por qualquer perturbação emocional ou afeição de si mesmo; profundamente embebido e encharcado em retidão, abraçando e aceitando com todo o seu coração o que quer que aconteça ou lhe seja destinado. Alguém que não frequentemente, não sem grande necessidade de guardar algum bem público, se importa com o que os outros dizem, fazem ou planejam; pois somente aquilo que está em seu poder, ou que são realmente dele, são objeto de seus esforços, e seus pensamentos sempre se ocupam daquilo que, de todo o universo, os fados ou a Providência destinaram e fizeram apropriado para ele mesmo. Essas coisas são-lhe próprias e estão em seu poder, ele mesmo cuida para que sejam boas; e quanto àquilo que lhe acontece, ele crê ser bom. Pois o quinhão e a porção assinalados a cada um, posto que inevitáveis e necessários, são também sempre vantajosos. Ele também se lembra de que todo aquele que tem parte com a razão lhe é semelhante, e que cuidar de todos os homens em geral é estar de acordo com a natureza do pessoa; mas quanto à honra e ao elogio, que eles não sejam geralmente aceitos nem aceitos de todos, mas somente daqueles que vivem de acordo com a natureza. Quanto àqueles que não o fazem, que tipo de pessoa podem ser em casa, ou fora dela; durante o dia ou à noite, como podem estar condicionados e com que tipo de condição, ou com homens de qual condição labutam e dispendem tempo junto, ele sabe, e lembra muito bem; portanto, não considera elogios e aprovação que procedam daqueles que não são capazes de agradar nem de aprovar a si mesmos.

V. Não faças coisa alguma contra a tua vontade, nem que seja contrário à comunidade, nem sem o devido exame, nem com relutância. Não finjas apresentar teus pensamentos com linguagem curiosa e refinada. Não sejas grande falador nem grande empreiteiro. Ademais, deixa teu Deus, que está em ti, presidir-te; aprende por ti que ele tem a ver com uma pessoa; uma pessoa envelhecida; uma pessoa sociável; um romano; um príncipe; alguém que pôs ordem à sua vida, como alguém que esperava, por assim dizer, o som da trombeta avisando a retirada, a partida desta vida com toda expedição. Alguém que, por sua palavra ou ações, não precisa de juramento nem de qualquer testemunha.

VI. Ser alegre e não necessitar de nada, seja da ajuda ou da assistência de outras pessoas, ou daquele descanso e tranquilidade para os quais necessitas de outros. Mais como alguém que obteve retidão por si mesmo, ou que sempre foi reto, do que alguém que foi retificado por outrem.

VII. Se acharás qualquer coisa nesta vida mortal melhor do que a retidão, do que verdade, temperança, fortaleza e, em geral, melhor do que a mente ocupada tanto com aquilo de que deveria se ocupar realmente de acordo com a justiça e a razão quanto com aquilo que, sem vontade e conhecimento, acontecem a ti por providência; se digo que não podes encontrar nada melhor do que isso, aplica-te a isso com todo o teu coração, e aquilo que achares de melhor, onde quer que seja, aproveita-o livremente. Mas se nada achares que valha a pena ser preferido a esse espírito dentro de ti; se nada melhor do que submeter a teu controle tuas próprias luxúrias e desejos, e não te deixares levar por nenhuma fantasia ou imaginação antes de teres devidamente as considerado, nada melhor do que te recolheres (para usar as palavras de Sócrates) de toda sensualidade, e te submeteres aos deuses, e cuidar de todos os homens em geral; se achares que todas as outras coisas, em comparação a esta, são apenas vis e de pouca monta, então não te rendas a nenhuma outra coisa pela qual tenhas sido uma vez afetado ou para a qual tenhas estado inclinado, mas que não estará mais em teu poder sem distrações, enquanto deverás preferir buscar aquilo que é bom, que é de ti mesmo, e teu bem apropriado. Posto que não é legítimo que qualquer coisa de outro tipo e natureza inferiores, seja lá o que for – aplauso popular, ou honra, ou riquezas, ou prazeres –, seja tolerado para confrontar-se e contestar-se, por assim dizer, com aquilo que é racional e eficazmente bom. Pois todas essas coisas, quando consideradas por um momento, começam a agradar, prevalecem no presente e pervertem a mente de uma pessoa, ou desviam-na do caminho correto. Faze, portanto, eu digo, com liberdade e certeza, a escolha melhor, e atenha-te a ela. Agora, dizem que o melhor é aquilo que é vantajoso. Se eles querem dizer "vantajoso" para uma pessoa racional, defende-o e mantém-no; mas se querem dizer "vantajoso", como ele é uma criatura, apenas o rejeita; e, com isso, guarda teu princípio e conclusão longe de todo brilho e cores de aparência externa, de modo que possas discernir as coisas corretamente.

VIII. Nunca estimes como vantajoso aquilo que possa forçar-te a abandonar tua fé ou a perder tua modéstia; a odiar uma pessoa, a suspeitar, a amaldiçoar, a dissimular, a ter luxúria por algo que requeira o segredo das paredes e dos véus. Mas aquele que prefere, diante de tudo, aquela sua parte racional e espiritual e os mistérios sagrados da virtude que saem dela, ele jamais lamentará nem exclamará, nunca suspirará; ele nunca desejará a solidão ou a companhia; e o que é mais importante acima de tudo, ele viverá sem desejo nem medo. E quanto à vida, se por tempo longo ou curto ele gozará de sua alma então em compasso com o corpo, ele é totalmente indiferente. Porque, mesmo se devesse partir agora, ele está pronto para isso, assim como para qualquer outra ação a ser realizada com modéstia e decência. Pois, por toda sua vida, este foi seu único cuidado: que sua mente sempre tenha estado ocupada com tais intenções e objetos apropriados à criatura sociável e racional.

IX. NA MENTE UMA VEZ DISCIPLINADA e purgada, não podes achar nada, seja corrompido, impuro ou, por assim dizer, putrefeito; nada que é servil ou fingido; nem um laço parcial; nenhuma aversão maliciosa; nada detestável; nada oculto. A vida de alguém assim não pode ser surpreendida pela morte como imperfeita; como se pode dizer de um ator que devesse morrer antes de terminar, ou que a própria peça terminasse.

X. USA A TUA FACULDADE OPINATIVA com toda a honra e o respeito, porque tudo está nela, de fato; que tua opinião não gere em teu entendimento nada contrário, seja à natureza, seja à constituição de uma criatura racional. A finalidade e o objetivo de uma constituição racional envolvem não fazer algo precipitadamente, ser gentilmente influenciado com relação às pessoas, e em todas as coisas ter o desejo de submeter-se aos deuses. Mantendo todo o restante à distância, guarda para ti mesmo essas poucas, e lembra-te, sobretudo, de que não se pode dizer propriamente de nenhuma pessoa que viva mais do que o presente, agora, o qual não é nada mais do que um instante de tempo. Para além disso, tudo é passado ou incerto. O tempo que uma pessoa vive é apenas parco, e o lugar em que ele vive não passa de um cantinho da terra, e a maior fama que pode restar de uma pessoa após sua morte, mesmo isso é apenas pouco, e mesmo ela, tal qual é, é preservada pela sucessão de pessoas tolas e mortais, que, da mesma forma, morrerão em breve, e mesmo enquanto vivem, não sabem de fato o que realmente são; e muito menos pode alguém saber, depois que está morto e foi-se há muito tempo.

XI. A ESSES AUXÍLIOS E LEMBRANÇAS sempre presentes, que mais um seja adicionado: fazer uma descrição e delineação particular, por assim dizer, de cada objeto que se apresenta à tua mente, para que possas completa e minuciosamente contemplá-lo em sua própria natureza, nua e despida, e com severidade; dividido em diversas partes e frações, e então, em tua mente, chamá-lo, tanto a ele quanto àquilo de que é constituído e no que deverá se dissolver, por sua própria natureza, com nomes e denominações corretos, apropriados e verdadeiros. Pois nada há de tão eficaz para gerar a verdadeira magnanimidade do que ser capaz de verdadeira e metodicamente examinar e considerar todas as coisas que acontecem nesta vida, e penetrar sua natureza de tal forma que, ao mesmo tempo, isso possa contribuir com nossas apreensões: qual é o verdadeiro uso de alguma coisa? E qual é a verdadeira natureza deste universo, para o qual é útil? E quanto esse universo pode ser estimado? E quanto ao pessoa, um cidadão da cidade suprema, da qual todas as outras cidades do mundo são, por assim dizer, apenas casas e famílias?

XII. O QUE É ISSO A que minha fantasia agora se prende? De que consiste? Por quanto tempo pode durar? Qual, de todas as virtudes, é a apropriada para este uso presente? É a mansidão, a fortaleza, a verdade, a fé, a sinceridade, a contenção, ou alguma outra? De todas as coisas deves acostumar-te a dizer: isto vem imediatamente de Deus, isto vem de uma conexão e concatenação fatal das coisas, ou (o que é praticamente o mesmo) por alguma coincidência de causalidade. E quanto a isso, procede de meu vizinho, de meu semelhante, de meu companheiro; de sua ignorância, de fato, porque ele não sabe o que lhe é verdadeiramente natural; mas eu o sei e, portanto, dirijo-me a ele de acordo com a lei natural da camaradagem; isso é gentil e justo.

E quanto a essas coisas que, por si mesmas, são absolutamente indiferentes, uma vez que, em meu melhor julgamento, concebo que tudo merece mais ou menos, assim me dirijo a elas.

XIII. Se te focares naquilo que é presente, seguindo o comando do justo e da razão com cuidado, com solidez, com mansidão, e não misturares nenhum outro negócio, mas te dedicares a isto apenas para preservar teu espírito impoluto e puro, e te apegares a isso sem esperança nem medo de coisa alguma, contentando-te com a verdade magnânima em tudo que fizeres ou dizeres, tu viverás com felicidade; e nenhuma pessoa pode impedir-te de fazê-lo.

XIV. Assim como médicos e cirurgiões sempre têm seus instrumentos à mão, prontos para tratamentos repentinos, sempre tem teus princípios de prontidão para o conhecimento das coisas tanto divinas quanto humanas; e o que quer que fizeres, mesmo nas menores coisas que fizeres, tu deves sempre lembrar-te daquela relação mútua e conexão que há entre as coisas divinas e as humanas. Porque, sem relação com Deus, nunca terás sucesso em nenhuma ação mundana; nem, por outro lado, em alguma ação divina, sem algum respeito pelas coisas humanas.

XV. Não te enganes: não viverás para ler teus comentários morais nem os atos dos romanos e gregos famosos; nem aqueles excertos de diversos livros; tudo aquilo que providenciaste e preparaste para ti mesmo em tua velhice. Apressa-te, então, para um fim, e, abrindo mão de todas as esperanças vãs, ajuda-te a cuidar de ti mesmo, como deves.

XVI. Roubar, semear, comprar, descansar, ver o que deve ser feito (que não pode ser visto pelos olhos, mas por outro tipo de visão): o significado dessas palavras, e quantos são os modos pelos quais podem ser entendidas, eles não entendem. O corpo, a mente, a compreensão. Assim como os sentidos pertencem naturalmente ao corpo; assim os desejos e afeições, à alma; assim os princípios, à compreensão.

XVII. SER CAPAZ DE FANTASIAS E imaginações é comum tanto ao pessoa quanto ao animal. Ser violentamente arrastado e movido por luxúrias e desejos da alma é apropriado a bestas e monstros, como eram Fálaris e Nero. Seguir a razão para tarefas e ações ordinárias e comum a eles também, que não acreditam haver nenhum deus, e que, para obter vantagem, não teriam pudor de trair o próprio país; e que, uma vez que se tenham fechado as portas, ousarão fazer tudo. Se, portanto, todas as coisas são comuns a estes, igualmente, decorre que a única verdadeira propriedade de uma pessoa boa é que abrace todos os acontecimentos destinados a ela sem perturbar nem aborrecer o espírito assentado no templo de seu peito com uma multidão de fantasias e imaginações, mas manter-se propício e obedecê-lo como a um deus, nunca falando algo contrário à verdade nem agindo contrariamente à justiça. Alguém assim, mesmo que nenhuma pessoa acredite que ele tenha vivido como o fez, seja com sinceridade, seja com consciência ou com alegria e contenção, ainda assim ele não teria raiva de ninguém nem seria desviado disso pelo caminho que leva ao fim de sua vida, pelo qual uma pessoa deve passar pura, sempre pronta a partir, e desejosa de estar, ela mesma, sem qualquer compulsão, para adequar-se e acomodar-se a seu quinhão e porção adequados.

Livro Quarto

I. A parte interna que é senhora da pessoa, se está em seu temperamento natural, está voltada a todos os acontecimentos e eventos do mundo com tal disposição e influência que facilmente se voltará e se aplicará àquilo que deve, e está em seu poder ajustar-se quando não pode ser de primeira aquilo que se pretendia. Pois nunca se aderirá e aplicará a um único objetivo, porém, o que quer que pretenda fazer e executar agora, o fará sem exceção e sem reservas, de tal forma que, o que quer que aconteça de contrário às suas intenções, até mesmo depois ela o tornará seu objetivo apropriado. Assim como o fogo quando prevalece sobre as coisas que estão em seu caminho – aquelas pelas quais, de fato, um pequeno foco de fogo teria sido apagado –, um grande incêndio logo tornaria à própria natureza e então consumiria tudo o que estivesse em sua passagem; assim, por estas coisas, torna-se maior e maior.

II. Que nada seja feito de maneira precipitada e aleatória, mas tudo de acordo com as mais exatas e perfeitas regras da técnica.

III. Eles buscam para si lugares privados para recolher-se, como vilas do interior, a costa do mar, as montanhas; de fato, estás acostumado a estes lugares por muito tempo. Mas tudo isso procede da simplicidade em mais alto grau. A qualquer momento que quiseres, está em teu poder o recolher-te em ti mesmo e o estar em descanso e livre de qualquer negócio. Uma pessoa não pode recolher-se para outro lugar melhor do que sua alma; em especial aquela que, de antemão, está munida das coisas que, a qualquer momento em que ela se recolher para dentro de si a fim de refletir, podem prover-lhe, em pouco tempo, calma e tranquilidade perfeitas. Por tranquilidade, compreendo uma disposição e um comportamento decentes e ordeiros, livres de toda confusão e tumulto. Concede a ti mesmo, então, este recolher-te contínuo, e com ele refresca-te e renova-te. Faz com que estes preceitos sejam breves e fundamentais, de modo que, assim que os evocares em tua mente, sejam o bastante para purgar tua alma por completo e para despachar-te satisfeito com tudo aquilo para que, independentemente do que seja, devas retornar após este breve recolhimento de tua alma em si mesma. Por que estás ofendido? Será por causa da perversidade das pessoas, quando evocas em tua mente a conclusão de que todas as criaturas foram feitas umas para as outras? E que é parte da justiça tolerá-las? E que é contra a própria vontade que ofendem? E quantos são aqueles que, igualmente, já perseguiram suas inimizades, tiveram suspeitas, odiaram e lutaram ferozmente, e agora estão mortos, reduzidos a cinzas? É o momento de agora estabeleceres um fim. E quanto às coisas que, entre os acontecimentos comuns do mundo, ocorrem a ti como teu quinhão e porção particulares, podes estar descontente com qualquer uma delas, quando te lembras de que nossos dilemas ordinários são da providência ou os átomos de Demócrito, e, com isso, o que quer que trazemos para provar que o mundo todo é como uma única cidade? E quanto a teu corpo, podes ter medo, se consideras que tua mente e teu entendimento, quando se recompõem e conhecem seu poder, não têm nenhum interesse nesta vida e sopro (seja suave e gentil ou duro e rude), mas são absolutamente indiferentes, também ao que quer que tenhas ouvido e assentido no que toca à dor e ao prazer?

Mas o cuidado com tua honra e reputação te distrairá, por acaso? Como pode ser, se olhas para trás e consideras quão rapidamente as coisas são esquecidas, e que imenso caos de eternidade havia antes, e continuará havendo após todas as coisas; e a vaidade do elogio, e a inconstância, e a variabilidade dos julgamentos e opiniões humanas, e a estreiteza do lugar ao qual estão limitados e circunscritos? Porque a Terra inteira não passa de um ponto; e dela, esta parte habitada, não é nada mais do que uma parte muito pequena; e desta parte, quantos e qual tipo de homens elogiarão a ti? O que resta, então, senão que ponhas em prática com frequência este recolhimento para ti mesmo, para esta pequena parte de ti; e, sobretudo, guarda-te da distração, e não pretendas nada veementemente, mas sê livre e considera todas as coisas como uma pessoa cujo objetivo apropriado é a virtude, como uma pessoa cuja verdadeira natureza é ser gentil e sociável, como um cidadão, como criatura mortal. Entre outras coisas a se considerar e a observar, quando deves estar acostumado a recolher-te para ti mesmo, faze com que estas duas estejam sempre mais diretamente à mão. A primeira é que as coisas e os objetos não alcancem tua alma, mas fiquem fora dela, parados e quietos, e que é apenas da opinião de dentro que todo tumulto e todo transtorno procedem. A outra é que todas estas coisas que agora vês muito em breve mudarão e não existirão mais; e sempre evoca à mente de quantas mudanças e alterações no mundo foste testemunha ocular ao longo de teu tempo. Este mundo é mera mudança; e esta vida, opinião.

IV. SE COMPREENDER E SER RAZOÁVEL é comum a todos os homens, então é comum a todos essa razão pela qual somos chamados de razoáveis. Se a razão é geral, então também o é a razão que prescreve o que deve ser feito e o que não deve. Se é assim, então também as leis. Se as leis também, então somos cidadãos e pares. Se é verdade, então somos companheiros em uma comunidade. Se é assim, então o mundo é como uma cidade. Pois, de qual outra comunidade pode-se alegar que todos os homens são membros? É dessa cidade comum que todo entendimento, razão e lei se derivam para nós; pois de onde mais seria? Quanto àquilo que em mim é terroso, eu o tenho de alguma terra comum; e aquilo que é úmido, é retirado de algum outro elemento; assim meu sopro e minha vida têm sua fonte adequada; e igualmente aquilo que é seco e ardente em mim (pois nada há que não proceda de algo; assim como nada há que possa ser reduzido a nada); então também há algum começo comum do qual meu entendimento procedeu.

V. A GERAÇÃO É, COMO A morte, um segrego da sabedoria da natureza; uma mistura de elementos dissolvidos novamente nos mesmos elementos, algo de que nenhuma pessoa certamente se envergonhará; parte de uma série de outros eventos e consequências fatais a que uma criatura racional está sujeita, não impróprio, nem incongruente, nem contrário à constituição natural e apropriada do pessoa em si.

VI. TAIS E TAIS COISAS DEVEM proceder, necessariamente, de tais e tais causas. Aquele que não desejasse que tais coisas acontecessem é como aquele que desejasse que uma figueira crescesse sem seiva nem umidade. Em suma, lembra-te disto: que dentro de um breve momento, tanto tu quanto ele estareis mortos e, depois de um pouco mais, nem vossos nomes e lembranças restarão.

VII. DEIXA A OPINIÃO SER LEVADA embora e nenhuma pessoa pensará ter sido prejudicada. Se nenhuma pessoa pensar ter sido prejudicada, então não há mais nada que seja prejuízo. Aquilo que não piora uma pessoa não pode piorar sua vida nem pode prejudicá-la interna e externamente. Foi oportuno na natureza que fosse assim e, portanto, necessário.

VIII. O QUE QUER QUE ACONTEÇA no mundo, acontece com justiça e, se prestares atenção, a encontrarás. Digo-o não apenas na ordem correta de uma série de consequências inevitáveis, mas também de acordo com a justiça como que por meio de uma distribuição equitativa, de acordo com o valor verdadeiro de todas as coisas. Continua, então, a tomares nota disso, como começaste, e o que quer que fizeres, faze-o não sem esta provisão: que seja de tal natureza a ponto de uma pessoa boa – no sentido mais adequado da palavra "boa" – fazê-lo. Observa isso cuidadosamente em cada ação.

IX. NÃO PRESUMAS AS COISAS QUE aquele que te prejudicou concebeu, ou gostaria que concebesses, mas examina a questão por si mesma, e vê o que ela é de verdade.

X. ESTAS DUAS REGRAS DEVES SEMPRE ter de prontidão. A primeira é que não faças nada senão aquilo que a razão, provinda daquela parte real e suprema, sugira a ti pelo bem e benefício dos homens. A segunda é que, se alguma pessoa presente pode retificar-te ou desviar-te de alguma persuasão equivocada, que estejas pronto a mudar de opinião, e que esta mudança proceda, não de qualquer prazer ou crédito que possa depreender dela, mas sempre de alguma base aparente de justiça, ou de algum bem público que progrida dela, ou de alguma outra indução.

XI. TENS RAZÃO? EU TENHO. POR que não fazes uso dela? Pois, se tua razão cumpre seu papel, o que mais podes requerer?

XII. COMO UMA PARTE TU TIVESTE, até agora, uma substância particular; agora deves desaparecer na substância comum d'Aquele que primeiro gerou-te; ou melhor: deves reduzir novamente à substância original e racional da qual saem e se propagam todos os outros. Muitas outras partes pequenas de incenso são postas sobre o mesmo altar; uma cai primeiro e é consumida, outra depois; e isso ocorre a todos.

XIII. DENTRO DE DEZ DIAS, SE assim for, serás estimado como um deus daqueles que, agora, se retornares aos princípios e respeito da razão, te estimam não mais do que a um mero bruto ou a um macaco.

XIV. Não é como se tivesses milhares de anos para viver. A morte está sobre ti: enquanto ainda viveres, enquanto ainda puderes, sê bom.

XV. Quanto tempo livre e ócio terá aquele que não está curioso para saber o que seu vizinho disse ou fez, ou tentou, mas apenas o que ele mesmo fez, de tal forma que seja justo e sagrado? Ou, para expressá-lo nas palavras de Agatão, não olhar para as condições malignas dos outros, mas percorrer o caminho reto, sem frouxidão nem agitação extravagante.

XVI. Aquele que é ganancioso por crédito e reputação após sua morte não considera que mesmo aqueles por quem é lembrado devem, logo após, um por um, morrer; e assim também aqueles que os sucederem; até que, enfim, toda a memória, que até aqui seguiu seu curso por meio de homens que admiravam e logo depois morriam, será extinta. Mas suponha que tanto aqueles que de ti se lembrarão quanto a lembrança de ti que está com eles sejam imortais, que diferença isso faz para ti? Não digo apenas de quando estiveres morto, mas mesmo enquanto vives, o que é o elogio? Nada senão uma consideração política e secreta, que chamamos de οἰκονομίαν[2], ou dispensação. Porque, quanto a isso, é um dom da natureza tudo aquilo que é elogiável em ti; aquilo que pode ser objetável por esta razão, que isso seja omitido como irrazoável, agora que estamos em outra consideração. Aquilo que é bom e justo, o que quer que seja, e em relação ao que quer que seja, é bom e justo por si mesmo e tem a si mesmo como fim, sem admitir elogio como parte ou membro; portanto, o que é elogiado não se torna, por causa disso, nem melhor, nem pior. Compreendo isso inclusive com relação àquilo que é comumente chamado de bom e justo, e aquilo que é elogiado, seja pelo assunto em si, seja pelo acabamento curioso. Já quanto àquilo que é verdadeiramente bom, do que mais precisa senão da justiça e

---

[2] Em grego no original, lê-se "oikonomían". (N.T.)

da verdade; ou mais do que a gentileza e a modéstia? Qual dessas se torna boa ou justa por causa do elogio; ou sofre algum dano da crítica? A esmeralda se tornaria pior ou mais vil se não fosse elogiada? E o ouro, ou o marfim, ou a púrpura? E haveria algo que o faria, mesmo sendo tão comum, quanto uma faca, uma flor ou uma árvore?

XVII. SE É VERDADE QUE AS almas permanecem após a morte – dizem aqueles que não o creem –, como é possível que o ar de toda a eternidade seria capaz de contê-las? Como pode a terra – digo eu – ser capaz de conter, desde a eternidade, os corpos daqueles que foram enterrados? Porque a mudança e a dissolução dos cadáveres em outro tipo de substância – o que quer que seja – abre espaço para outros cadáveres; assim também as almas após a morte transferem-se para o ar; depois de terem se detido lá por um tempo, são, seja por transmutação, seja por transfusão, seja por conflagração, recebidas de novo naquela substância racional original da qual todas as outras procedem; desta forma, abrem caminho para as almas que, antes acopladas e associadas a corpos, agora passam a subsistir sozinhas. Isto se pode responder à suposição de que as almas, após a morte, subsistem sozinhas por um tempo. E aqui – para além do número de corpos enterrados e contidos na terra desta forma –, pode-se ainda também considerar o número de diversos animais, comidos por nós, humanos e por outras criaturas. Pois apesar de toda a numerosidade deles que é consumida diariamente, e, por assim dizer, se enterra no corpo dos comedores, ainda assim o mesmo lugar e o mesmo corpo são capazes de contê-los em razão de sua conversão, parte em sangue, parte em ar e fogo. O que em tais coisas é a especulação da verdade? Dividir as coisas passivas e materiais daquelas ativas e formais.

XVIII. NÃO VAGAR PARA FORA DO caminho, mas, a cada movimento e desejo, fazer o que é certo; e sempre ser cuidadoso para alcançar a apreensão natural e a verdade de cada fantasia que se apresenta.

XIX. Tudo o que é conveniente para ti, ó Mundo, é conveniente para mim; nada pode ser intempestivo para mim, ou fora da data, se é oportuno para ti. O que quer que tuas estações gerem será sempre estimado por mim como um fruto feliz e aumentará. Ó Natureza! De ti vêm todas as coisas, em ti todas as coisas subsistem e a ti todas tendem. Seria possível dizê-lo de Atenas, tu, cidade amável de Cécrope, e não o dizer do mundo, tu, cidade amável de Deus?

XX. Dirão com frequência: não te metas com muitas coisas se queres viver com alegria. Por certo não há nada melhor a uma pessoa do que limitar-se às ações necessárias, àquelas, e somente àquelas, que uma criatura que se sabe nascida para a sociedade elogiaria e aproveitaria. Isso não apenas garantirá aquela alegria que provém da bondade, mas também aquela que geralmente provém de uma quantidade pequena de ações. É assim, pois a maior parte das coisas que fazemos ou dizemos são desnecessárias; se uma pessoa as dispensar, deve disso decorrer que terá muito tempo livre e com isso poupar muito transtorno; portanto, uma pessoa deve, a cada ação, por meio de uma admoestação privada, perguntar a si mesmo: o quê? Isto de que me ocupo agora não faz parte das ações desnecessárias? Tampouco deve ela acostumar-se a apenas dispensar ações, mas também pensamentos e conjecturas desnecessários, pois assim as ações desnecessárias consequentes também serão evitadas e dispensadas com mais facilidade.

XXI. Testa também como estará de acordo contigo a vida de uma pessoa boa, de alguém satisfeito com quaisquer coisas que, dentre as mudanças e acasos comuns deste mundo, ocorram à sua própria parte e porção; e que pode viver contente e totalmente satisfeito com a justeza da própria ação presente e correta; e na bondade de sua disposição para o futuro. Não te perturbes mais para além disso; reduza-te à simplicidade perfeita. Alguma pessoa te ofendeu? É contra ele mesmo que ele praticou a ofensa; por que deverias perturbar-te? Algo aconteceu a ti? Está bem, pois é, o que quer que seja dentre os acasos comuns do mundo, parte de uma série de outras coisas que já aconteceram, desde o começo, ou que acontecerão, e foram destinadas e reservadas a ti. Para compreender em poucas palavras: nossa vida é curta; devemos tentar ganhar o tempo presente com a melhor prudência e justiça. Usa a recreação com sobriedade.

XXII. O MUNDO OU É UM κόσμος[3], isto é, algo agradável, porque bem-disposto e governado por certa ordem; ou é uma mistura, embora confusa, ainda agradável. Por que seria possível que houvesse em ti qualquer beleza; mas, no mundo, nada mais do que desordem e confusão? E todas as coisas nele também, distintas e diferenciadas umas das outras por propriedades naturais diversas; e, ainda que difusas, unidas umas às outras, como estão?

XXIII. UMA DISPOSIÇÃO SOMBRIA OU MALIGNA, uma disposição efeminada; uma disposição dura e inexorável, uma disposição selvagem e inumana, uma disposição de ovelha, uma disposição de criança; uma disposição estúpida, falsa, esbravejante, fraudulenta, tirânica: e daí? Se ele for alheio ao mundo e desconhecer as coisas que estão nele, por que não seria também alheio e se surpreenderia com as coisas que se fazem nele?

XXIV. É UM VERDADEIRO FUGITIVO AQUELE que foge da razão pela qual os homens são sociáveis. É cego aquele que não pode enxergar com os olhos do entendimento. É pobre aquele que depende de outros e não tem em si mesmo todo o necessário à sua vida. É um renegador do mundo aquele que, descontente com as coisas que lhe

---

[3]Em grego no original, lê-se "kósmos". Significa, em geral, uma disposição, uma ordem, geralmente com sentido de enfeitar. Em decorrência deste sentido, passa a significar "o universo enquanto algo ordenado", por oposição, justamente, ao "caos" (χάος), ou o primeiro estado das coisas, em desordem. É a isto que se refere, mais propriamente, Marco Aurélio. (N.T.)

acontecem no mundo, age, por assim dizer, para renegar e separar-se da economia racional da natureza comum. Pois a mesma natureza que traz isso para ti, o que quer que seja, é a mesma que, antes, trouxe-te ao mundo. Provoca traição na cidade aquele que, por ações irracionais, separa sua própria alma daquela alma comum a todas as criaturas racionais.

XXV. Há quem, sem nada, nem mesmo um casaco; e há quem, sem nada, nem mesmo um livro, pratica a filosofia de fato. Estou seminu e não tenho pão para comer, e ainda assim não me afasto da razão, disse alguém. Mas eu digo: quero a comida do bom ensinamento e das boas intruções e, ainda assim, não me afasto da razão.

XXVI. Qualquer que seja a técnica e a profissão que tenhas aprendido, tenta empregá-la e conforta-te com ela; e dispende o resto de tua vida como alguém que, de todo o coração, dedica, para os deuses, a si mesmo e a tudo que pertence a ele; quanto às pessoas, não te portes com nenhuma delas nem de modo tirânico, nem de modo servil.

XXVII. Considera em tua mente, por exemplo, os tempos de Vespasiano. Verás as mesmas coisas: alguns se casam, outros criam filhos, alguns adoecem, outros morrem, alguns brigam, outros banqueteiam, alguns vendem mercadorias, outros lavram, alguns bajulam, outros se gabam, alguns têm suspeitas, outros enfraquecem, alguns desejam morrer, outros estão inquietos e murmuram contra seu estado presente, alguns galanteiam, outros acumulam, alguns buscam o cargo de magistrado, outros buscam reinos. E a época deles não se acabou e findou? Ainda, considera agora os tempos de Trajano. Lá verás igualmente as exatas mesmas coisas, e aquela época também se acabou e findou. Da mesma forma, considera outros períodos, tanto as eras quanto as nações inteiras, e vê como muitos homens, depois que tiveram todo o seu poder, e planejaram e perseguiram uma ou outra coisa mundana, sumiram e foram dissolvidos nos elementos. Mas deves especialmente evocar na cabeça aqueles que tu mesmo conheceste em teu tempo de vida, tão distraídos com coisas vãs enquanto negligenciavam aquilo que sua própria constituição corretamente requeria que fizessem e a que aderissem íntima e inseparavelmente (como totalmente satisfeitos com isso). E aqui deves lembrar-te de que teu comportamento em cada negócio deve estar de acordo com o valor e a devida proporção dele, pois assim não estarás facilmente cansado nem irritado, se não te demorares com pequenas questões mais do que é cabível.

XXVIII. AQUELAS PALAVRAS QUE ERAM ANTES comuns e ordinárias agora tornaram-se obscuras e obsoletas; e assim os nomes de homens antes comumente conhecidos e famosos tornaram-se, de certo modo, nomes obscuros e obsoletos. Camilo, Cesão, Volésio, Leonato; não muito depois, Cipião, Catão, então Augusto, depois Adriano, depois Antonino Pio: todos esses em um curto tempo estarão fora de moda e, como coisas de outro mundo, se tornarão fabulares. E digo isso daqueles que uma vez brilharam como maravilhas de sua era; pois, do restante, assim que expiram, com eles se vai toda a sua fama e recordação. O que, então, será lembrado para sempre? Tudo é vaidade. Em que devemos aplicar nosso cuidado e diligência? De fato, apenas nisto: que nossas mentes e vontades sejam justas; que nossas ações sejam caridosas, que nosso discurso nunca seja enganoso e que nosso entendimento não seja sujeito a erro; que nossa inclinação seja sempre abraçar o que quer que aconteça a nós, como algo necessário, habitual, comum e vindo do mesmo começo e da mesma fonte da qual tanto tu quanto todas as coisas vieram. De corpo e alma, então, rende-te a esta concatenação fatal, entregando-te aos fados, para estar à disposição de seu bel-prazer.

XXIX. O QUE QUER QUE SEJA agora presente e que dia a dia tem a sua existência; todos os objetos de memórias, as mentes e as lembranças em si, considera sem cessar, todas as coisas que são têm seu ser por meio da mudança e da alteração. Acostuma-te, então, a meditar com frequência sobre isto: que a natureza do universo se deleita em nada mais do que alterar as coisas que são e fazer outras com elas. De tal forma que podemos dizer que, o que quer que existe, existe apenas como a semente do que virá. Pois se pensas que apenas é semente aquilo que a terra e o útero recebem, és bem simplista.

XXX. Estás agora pronto a morrer e, ainda assim, não alcançaste aquela simplicidade perfeita: ainda és sujeito a muitos transtornos e perturbações; não livre de todo medo e suspeição dos acidentes externos; nem menos tão mansamente disposto para os homens quanto deverias; nem tão preparado quanto alguém cujo único estudo e única sabedoria é ser justo em todas as suas ações.

XXXI. Olha e observa: qual é o estado da parte racional deles; e quanto àqueles que o mundo considera sábios, vê as coisas das quais eles fogem e têm medo, e por quais coisas saem à caça.

XXXII. Na mente e no entendimento de outro pessoa, teu mal não pode subsistir, nem em qualquer temperamento apropriado, nem destempero da constituição natural do corpo, que é, por assim dizer, apenas um casaco ou tenda para a alma. Onde, então, mas em que parte de ti, na qual o conceito e a apreensão da miséria podem subsistir? Não permitas que tal parte admita tal conceito, e, então, tudo está bem. Mesmo que teu corpo, que está tão perto dela, deva ser cortado e queimado ou sofrer alguma corrupção ou putrefação, ainda assim, faz com que esteja calma e tranquila aquela parte a que pertence o julgamento de tais coisas; isto é, deixa que ela julgue isto: o que quer que possa acontecer igualmente a uma pessoa perversa e a uma pessoa boa não é nem bom nem perverso. Pois aquilo que acontece igualmente àquele que vive de acordo com a natureza e àquele que não o faz não está nem de acordo nem contra a natureza; e, por consequência, não é bom nem mau.

XXXIII. Sempre considera e reflete sobre o mundo como sendo uma única substância vivente e possuindo uma única alma, e como todas as coisas terminam em um único poder sensível; e são realizadas por um único movimento geral, por assim dizer, e pela deliberação daquela única alma; e como todas as coisas que existem contribuem para a causa do ser de outra, e, por meio desta conexão e concatenação, todas as coisas acontecem.

XXXIV. O que és tu, com exceção daquela parte melhor e divina, senão, como bem disse Epiteto, uma alma miserável condenada a carregar uma carcaça para cima e para baixo?

XXXV. Suportar a mudança não pode prejudicar; bem como não é benéfico alcançar o ser mediante a mudança. A era e o tempo do mundo são, por assim dizer, uma enchente e uma corrente veloz, consistindo nas coisas que são levadas a passar no mundo. Pois, assim que qualquer coisa aparece, e passa, outra a sucede, e também logo desaparecerá da vista.

XXXVI. O que quer que aconteça no mundo é, no curso da natureza, tão usual e ordinário como uma rosa na primavera e um fruto no verão. Da mesma natureza é a doença e a morte; a calúnia e a espera, e qualquer outra coisa que ordinariamente costuma ser ocasião de alegria ou tristeza para os tolos. Porque o que quer que venha depois, sempre muito naturalmente, e como se fosse familiar, seguirá aquilo que veio antes. Portanto, devemos considerar as coisas do mundo não como números soltos e independentes, consistindo apenas de eventos necessários; mas como discreta conexão das coisas dispostas de modo ordeiro e harmonioso. Há que se ver, então, nas coisas do mundo, não uma sucessão estéril, mas admirável correspondência e afinidade.

XXXVII. Que aquelas palavras de Heráclito nunca saiam de tua mente: que a morte da terra é a água; e a morte da água é o ar; e a morte do ar é o fogo; e vice-versa. Lembra-te também daquele que era ignorante do caminho a seguir, e de como essa razão é aquela pela qual todas as coisas do mundo são regidas, e aquela com a qual as pessoas estão mais contínua e intimamente familiarizadas; ainda assim, é a coisa contra a qual elas mais comumente se opõem; e como essas coisas que acontecem diariamente entre elas não deixam de lhes ser diariamente estranhas; e que não deveríamos dizer nem fazer alguma coisa como sonâmbulos, seja por opinião ou por mera imaginação; então, nós pensamos, nós falamos, nós fazemos, e não devemos ser como crianças, que seguem o exemplo de seus pais, alegando como melhor desculpa seu καθότι παρειλήφαμεν[4]; ou seja, que o recebemos da tradição sucessiva de nossos antepassados.

XXXVIII. Mesmo se algum dos deuses viesse a dizer-te: decerto morrerás amanhã, ou no dia depois de amanhã, tu não irias querer, a menos que fosses extremamente vil e pusilânime, considerar uma grande vantagem morrer no dia depois de amanhã em vez de amanhã – porque ai!, quanta diferença! Então, pelo mesmo motivo, não faça muito caso de morrer muitos anos depois em vez de morrer no dia depois de amanhã.

XXXIX. Que seja tua perpétua meditação quantos médicos já olharam sinistra e dramaticamente, com o cenho franzido, para seus pacientes, e agora estão mortos e acabados eles mesmos. Quantos astrólogos, depois de terem previsto a morte de outros com grande pompa; quantos filósofos, depois de tantos tratados e volumes elaborados sobre a mortalidade ou a imortalidade; quantos bravos capitães e comandantes, depois da morte e massacre de tantos; quantos reis

---

[4]Em grego no original, lê-se "kathóti pareilépsamen". Significa: "assim recebemos do passado". (N.T.)

e tiranos, depois de terem com tanto horror e insolência abusado de seu poder contra a vida dos homens, como se eles mesmos fossem imortais; quantas, se posso dizê-lo, cidades inteiras, com pessoas e vilas: Hélice, Pompeia, Herculano e outras inumeráveis estão mortas e destruídas. Lista tu também aqueles que, um após o outro, viste em tua vida desparecerem. Este e aquele cuidaram do enterro deste e daquele, e logo em seguida foram enterrados eles mesmos. Primeiro um, depois o outro: e tudo em um breve tempo. E nisto consiste tudo, de fato; sempre tomar todas as coisas mundanas por sua continuidade, que é de apenas um dia; e por seu valor mais vil e desprezível. Por exemplo: o que é uma pessoa? Aquele que, ontem mesmo, quando foi concebido, era um remelento abjeto; e dentro de poucos dias será, ou uma carcaça embalsamada, ou meras cinzas. Assim deves tu, de acordo com a verdade e a natureza, considerar exaustivamente como a vida de uma pessoa não é senão um pequeno momento do tempo, e então parte manso e contente, assim como uma azeitona madura que cai deve elogiar o chão que a concebeu e agradecer à árvore que a gerou.

XL. Deves ser como um promontório do mar, contra o qual as ondas batem continuamente e, ainda assim, resiste em pé; em torno dele, as ondas que se levantam ficam calmas e quietas.

XLI. Ai, miserável que sou, a quem este infortúnio aconteceu! Nada disso, felizardo sou eu, a quem esta coisa aconteceu; posso continuar sem tristeza; nem prejuízo pelo que é presente, nem medo do que virá. Pois, quanto a isso, poderia muito bem ter acontecido a qualquer pessoa, mas qualquer pessoa, tendo sofrido isso, não poderia continuar sem tristeza. Por que deveria ser então mais uma infelicidade do que uma felicidade? Contudo, podes, de alguma forma, ó pessoa!, definir essa infelicidade que não é um infortúnio para a natureza do Homem? Podes pensar em um infortúnio para a natureza do Homem que não seja contrário à finalidade e à vontade de sua natureza? O que aprendeste é, então, a vontade da natureza do Homem? O que aconteceu a ti deve, então, impedir-te de ser justo? Ou magnânimo? Ou comedido? Ou sábio? Ou circunspecto? Ou verdadeiro? Ou modesto? Ou livre? Pode a natureza humana estar completamente satisfeita (como se fizesse proveito de tudo o que lhe é apropriado) por possuir e aproveitar-se, no presente, de qualquer outra coisa além dessas? Agora, para concluir: em toda ocasião de tristeza, lembra-te de usar este preceito: nada que tenha acontecido a ti é, por si mesmo, um infortúnio; mas suportá-lo com generosidade é, certamente, uma grande felicidade.

XLII. É UM REMÉDIO GROSSEIRO E ordinário, mas muito eficiente contra o medo da morte, que uma pessoa considere em sua mente exemplos daqueles que, com ganância e cobiça (por assim dizer), de fato, por um longo tempo, aproveitaram suas vidas. O que eles conseguiram a mais do que aqueles cujas mortes foram extemporâneas? Não morreram também eles, no fim das contas? Como Cadiciano, Fábio, Juliano, Lépido ou qualquer outro que, durante sua vida, enterraram muitos, e foram, eles mesmos, enfim enterrados. Todo espaço da vida de uma pessoa é pequeno; e, apesar de tão pequeno, com quais transtornos, com qual sorte de disposições e com a companhia de que corpo miserável ele deve ser passado! Que seja, então, diante de ti, uma questão de indiferença em absoluto. Porque, se olhares para trás, vê que um caos infinito de tempo apresenta-se a ti; e um caos igualmente tão infinito se olhares para a frente. Nisso que é tão infinito, qual diferença pode haver entre o que viveu apenas três dias e o que vive três eras?

XLIII. DEIXA TEU CURSO SER SEMPRE o caminho mais abreviado. O mais abreviado é aquele que está de acordo com a natureza; isto é, tanto nas palavras quando nos atos, sempre seguir aquilo que é mais são e perfeito. Pois tal resolução liberará o pessoa de todo transtorno, conflito, dissimulação e ostentação.

Livro Quinto

I. Pela manhã, quando te encontras sem vontade de levantar-te, considera contigo mesmo logo, que é para concluir o trabalho de uma pessoa que eu me agito. Ainda assim estou sem vontade de cumprir aquilo pelo qual nasci e fui trazido a este mundo? Ou fui feito para isso, para deitar-me e não fazer nada em uma cama quente? "Ah, mas isso é tão agradável." E foi para isso que nasceste, para que pudesses gozar de prazeres? Não foi para isso, de fato, que pudeste estar sempre ocupado e ativo? Não vês que todas as coisas no mundo lá fora, como cada árvore e planta, pardais e formigas, aranhas e abelhas, assim como todos em suas espécies foram pretendidos para que realizassem ordeiramente alguma coisa (de modo a preservar este universo ordeiro) e naturalmente vêm e pertencem a ele? E não queres tu fazer aquilo que cabe a uma pessoa fazer? Não queres apressar-te a fazer o que a natureza requer? "Mas deves descansar um pouco." Sim, tu deves. A natureza também reservou a ti um momento para fazê-lo, e igualmente para comer e para beber. Mas tu te demoras para além de teu momento e para além daquilo que seria suficiente; em termos de ação, ficas sem o necessário. Conclui-se, portanto, que não amas a ti mesmo, pois, se o fizesses, também amarias tua natureza e aquilo que tua natureza deve propor a si mesma como finalidade. Outros tantos que têm prazer em seus trabalhos e profissões podem até mesmo consumir-se em suas obras e negligenciar seus corpos e sua alimentação por causa delas; tu honras tua natureza menos do que um mecânico ordinário honra seu trabalho; ou que um bom bailarino honra sua arte? Ou que uma pessoa ganancioso honra sua prata, e que a pessoa vaidosa honra o aplauso? Aqueles que por qualquer coisa podem tomar afeição também podem se contentar com sua comida e sono, para depois poderem dedicar-se àquilo pelo qual se afeiçoam; e as ações que tendem para o bem da sociedade humana parecerão mais vis a ti, ou dignas de menos respeito e intenção?

II. Que fácil é para uma pessoa afastar de si toda imaginação acidental e turbulenta e logo estar em perfeita calma e tranquilidade.

III. Considera-te apto e digno de falar ou fazer aquilo que é de acordo com a natureza, e não repreenda nem relate o que possa se seguir a isso; sempre te detém. Se é correto e honesto que se faça e se fale, não te desvalorizes tanto de modo a desencorajar-te de fazê-lo. Quanto aos outros, eles têm sua própria parte racional dominante e suas inclinações apropriadas; das quais não deves parar para tomar nota, mas seguir em frente, para onde tanto a tua natureza particular quanto a natureza comum te levarem; e a via de ambas é uma única.

IV. Continuo meu curso com ações de acordo com a natureza, até que eu caia e cesse, exalando meu último suspiro no ar, pelo qual continuamente respirei e vivi; e caindo sobre a terra de cujos frutos e dons meu pai forjou sua semente; minha mãe, seu sangue; e minha ama, seu leite; dos quais eu, por tantos anos, fui provido de carne e bebida. Por fim, terra que me gerou, eu que piso sobre ela, e me suportou, eu que por tantos anos abusei dela, ou que fiz uso dela livremente, de tantas formas, para obter tantos fins.

V. Nenhuma pessoa pode admirar-te por tua língua afiada e aguda; esta é, deste modo, tua deficiência natural. Que seja: ainda assim, há muitas outras coisas boas, de cuja carência não podes alegar carência de habilidade natural. Deixa que sejam vistas em ti apenas as coisas dependentes de ti: sinceridade, seriedade, esforço, desprezo dos prazeres; não sejas reclamão, sê contente com pouco, sê gentil, sê livre; evita todo o supérfluo, toda tagarelice vã; sê magnânimo. Não percebes quantas coisas há que, a despeito de qualquer pretensão de indisposição e inadequação naturais, poderias realizar e exibir, e, ainda assim, continuas pendendo voluntariamente para baixo? Ou dirás ser por defeito natural de tua constituição que és forçado a murmurar, a ser vil e miserável, a bajular; ora a acusar, ora a agradar e a pacificar teu corpo; a ser vaidoso, a ser tonto e indeciso em teus pensamentos? Nada disso! (Que os deuses sejam testemunhas) Poderias ter-te livrado disso há um longo tempo; apenas deverias ter-te contentado com isto: ter suportado a culpa de alguém um tanto embotado e lento; em relação a isso, deves exercitar-te como alguém que não leva muito a sério seu defeito natural nem se deleita com ele.

VI. Há aqueles que, quando fazem algo bom para alguém, estão prontos a marcar um placar por isso e a exigir retribuição. Há outros que, apesar de não demandarem retribuição, ainda assim pensam para si mesmos que o outro é seu devedor, e eles sabem aquilo que fizeram assim como sabem as próprias palavras. Há outros ainda que, quando fazem algo desse tipo, não sabem exatamente o que fizeram, mas são como a parreira, que gera suas uvas e que, tendo produzido seus frutos adequados, está satisfeita e não busca mais recompensa. Tal qual um cavalo após a corrida, e um cão de caça depois que caçou, e uma abelha depois que produziu mel, eles não buscam aplauso nem elogio; assim também deve ser a pessoa que compreende corretamente a própria natureza quando faz algo de bom; de uma boa ação proceda à outra, assim como a parreira que, depois de ter produzido seu fruto apropriado, está pronta para produzir de novo. Tu deves, então, ser um daqueles que, fazendo qualquer coisa, a fazem sem mais reflexão e são, de certo modo, inconscientes a respeito do que fazem. "Nada disso", alguém talvez replicará, "uma pessoa racional é obrigada a entender aquilo que faz." Porque é a qualidade, dizem, de alguém naturalmente sociável o fato de ser sensato quando se opera socialmente; de fato, e desejar que a parte nele que trata com a sociedade seja sensata também. Eu respondo, isso que dizes é verdade, realmente, mas o verdadeiro sentido do dito, isto não compreendes. Pertences, portanto, àqueles primeiros dos quais falei. Porque eles também se deixam levar por uma aparência de razão. Mas se de fato desejas entender o que foi dito, não temas que desistas de qualquer ação sociável.

VII. A FORMA DA PRECE ATENIENSE era a seguinte: "Ó chuva, chuva, com Júpiter, sobre todos os campos e áreas que pertencem aos atenienses." Ou não devemos, de todo, rezar, ou então de modo absoluto e livre; e não cada um por si, sozinho, em particular.

VIII. COMO DIZEMOS COMUMENTE, O MÉDICO prescreveu a este a equitação; aos outros, banhos frios; a um terceiro, que andasse a pé; assim é o mesmo dizer que a natureza do universo prescreveu a esta pessoa a doença, ou a cegueira, ou alguma perda, ou dano, ou algo semelhante. Pois quando falamos então de um médico que prescreveu qualquer coisa, nosso sentido é que ele empregou uma coisa pela outra, como algo que é subordinado e conduz à saúde; assim, agora, qualquer coisa que acontece a alguém lhe é ordenada como algo subordinado aos fados e, portanto, dizemos de tais coisas que elas συμβαίνειν[5], isto é, que coincidem; como as pedras quadradas que, quando em paredes ou pirâmides, encaixam-se umas nas outras em certas posições e concordam como se estivessem em harmonia; os pedreiros dizem que elas συμβαίνειν, como se dissessem que coincidem; assim, em geral, ainda que as coisas possam divergir

---

[5] Em grego no original; lê-se "symbaínein"; significa "coincidir, andar junto". (N.T.)

ao compor algo, a concordância e a harmonia são apenas uma. E o mundo todo é feito de todos os corpos particulares do mundo, um único corpo perfeito e completo, da mesma natureza que os corpos particulares; assim é o destino das causas e eventos particulares: um geral, da mesma natureza que as causas particulares. Aquilo que eu digo agora, até mesmo os meros idiotas não desconhecem, pois dizem comumente: τοῦτο ἔφερεν αὐτῷ⁶, quer dizer, isto foi levado a ele por seu destino. Isso é, portanto, trazido para este pessoa, apropriada e particularmente, da parte dos fados, assim como aquilo é prescrito, em particular, pelo médico. Aceitemos, então, as coisas semelhantes a estas, assim como aceitamos aquelas que nos prescrevem nossos médicos. Pois nelas também encontraremos muitas coisas duras, mas, ainda assim, na esperança da saúde e da recuperação, as aceitamos. Deixa que a realização e o cumprimento daquilo que a natureza comum determinou para ti seja para ti como a saúde. Aceita, então, e fica satisfeito com o que quer que aconteça, mesmo que seja duro e desagradável, pois tende àquela finalidade, à saúde e ao bem-estar do universo e à prosperidade e felicidade de Júpiter. Pois não teria sido produzido se não conduzisse ao bem do universo. Porque nunca uma natureza particular faria passar alguma coisa que não estivesse na esfera de sua administração apropriada e de seu governo harmônico e subordinado. Por estas duas considerações, então, deves estar bem satisfeito com qualquer coisa que aconteça a ti. Primeiro, porque foi levada a acontecer apropriadamente a ti, e para ti foi prescrita; e porque desde o começo, pela série e conexão de causas primeiras, desde sempre apontava para ti. Em segundo lugar, porque o bom sucesso e bem-estar perfeito, e, de fato, a própria continuidade d'Ele, que é o administrador do todo, depende, de algum modo, disso. Pois

---

⁶Em grego no original, lê-se: "túto êpheren autó". Quer dizer: "isso foi levado a ele". (N.T.)

o todo (uma vez que é todo, portanto, inteiro e perfeito) é truncado e mutilado, se cortares alguma coisa pela qual a coerência e a contiguidade, tanto das partes quanto das causas, é mantida e preservada. É certo, por isso, que cortas algo (na extensão em que isso esteja em teu poder), de certo modo, violentamente, quando ficas insatisfeito com algo que aconteceu.

IX. NÃO FIQUES INSATISFEITO NEM DESANIMADO ou sem esperança se, com frequência, não obtiveres sucesso, pontual e isoladamente, ao fazer todas as coisas de acordo com os princípios corretos; mas, uma vez apartado, retorna a eles novamente; e quanto a essas muitas e mais frequentes ocorrências de distrações mundanas ou de fragilidades humanas, às quais, como pessoa, deves estar sujeito em alguma medida, não fiques descontentes com elas; porém, de algum modo, ama e afeiçoa-te àquilo que deves retornar: à vida de filósofo, a ocupação apropriada de acordo com o modo mais exato. E quando retornares à tua filosofia, não o faças como alguns que, depois da brincadeira e da liberdade, por assim dizerem, voltam a seus professores e pedagogos; mas como aqueles que, com olhos doloridos, voltam a seus ovos e esponjas, ou como outro a seu cataplasma, ou como outros a suas fomentações; assim, não farás da obediência à razão uma questão de ostentação, mas, sim, de conforto e tranquilidade. Lembra-te de que a filosofia não requer nada de ti para além daquilo que requer tua natureza, e desejarias qualquer coisa que não estivesse de acordo com a natureza? Qual dirias ser mais gentil e agradável: aquilo que está de acordo ou contra a natureza? Não é por esse motivo, em especial, que o próprio prazer é, para o prejuízo e derrocada de tantas pessoas, mais prevalente, já que é estimado comumente como gentil e natural? Mas considera bem se a magnanimidade, e a verdadeira liberdade, e a verdadeira simplicidade, e a equanimidade, e a sacralidade, se não são elas mais gentis e naturais?

E a própria prudência, o que seria mais gentil e amável do que ela, quando refletires contigo mesmo sobre aquilo que, por meio de todos os objetivos apropriados de tua faculdade intelectual e racional, poderia, neste momento, seguir em frente sem queda nem tropeço? Quanto às coisas do mundo, sua verdadeira natureza é, de algum modo, tão envolta em obscuridade, que a muitos filósofos – e não me refiro aos perversos – elas pareciam de todo incompreensíveis, e os próprios estoicos, ainda que não as considerem incompreensíveis de todo, julgam-nas apenas parcamente e com muita dificuldade compreensíveis, de tal modo que todo assentimento nosso é falível, pois quem é infalível em suas conclusões? Da natureza das coisas, passa agora a seu conteúdo e substância: quão temporários, quão vis são elas, quando estão em poder e posse de algum dissoluto abominável, de alguma prostituta ordinária, de algum opressor e estelionatário. Passa, então, para as disposições daqueles com quem comumente conversas; com qual dificuldade não os toleramos, até mesmo os mais amáveis e afetuosos! E que eu não diga, com qual dificuldade toleramos até a nós mesmos, em tal obscuridade e impureza das coisas; em um tal fluxo contínuo tanto das substâncias quanto do tempo, tanto dos movimentos em si e das coisas movidas; a que nos podemos atar? Seja à honra, seja ao respeito, em especial; ou buscar a seriedade e a dedicação; não posso nem sequer concebê-lo, pois são coisas contrárias.

X. TU DEVES CONFORTAR-TE NA EXPECTATIVA de tua dissolução natural, e, nesse meio-tempo, não te entristecer pela demora; mas ficar satisfeito nestas duas coisas. A primeira é que nada acontece a ti que não esteja de acordo com a natureza do universo. E a segunda é que esteja em teu poder não fazer nada contra teu próprio Deus apropriado e espírito interno. Pois não está em poder de pessoa alguma o ato de forçar-te a transgredir contra ele.

XI. Qual uso faço agora, neste presente, de minha alma? Assim deves, de tempos em tempos, e em todas as ocasiões, fazer a ti mesmo esta pergunta: em que está empregada aquela parte de minha alma a que chama de parte senhora e racional? De quem é propriamente a alma que agora possuo? De uma criança? Ou de um jovem? Ou de uma mulher? Ou de um tirano? Ou de um bruto, ou de uma besta selvagem?

XII. Quais as coisas que são por si mesmas estimadas como boas pela maioria, tu podes saber da seguinte forma. Pois se alguém ouvir alguma coisa mencionada como boa por si mesma, e que é realmente boa, ela deve ser a prudência, a temperança, a justiça, a fortaleza das quais se ouve e se concebe tanto; ele não poderá tolerar ouvir de nada mais, porque a palavra "bom" refere-se propriamente a elas. Mas quanto àquelas que pelos vulgares são consideradas boas, se ouvir falar delas como boas, ele as escutará com mais atenção. Ele tem satisfação de ouvir que aquilo que é falado pelo comediante é também falado com familiaridade e popularidade, de tal forma que até os vulgares apreendem a diferença. Pois por que seria diferente, se isso não ofende nem precisa ser escusado, quando as virtudes são pintadas como boas; mas aquilo que é dito no elogio da riqueza, do prazer ou da honra, tomamos apenas como dito com alegria e com prazer? Proceda, então, e inquira mais além, se não é o caso de que as coisas ditas também no palco não foram, com alegria e grande aplauso da multidão, escarnecidas com esta piada, de tal forma que aqueles que as possuem não têm em todo seu próprio mundo (tão grande é sua afluência e abundância) nem ao menos um lugar onde possam evitar seus excrementos. Se, digo eu, aquelas coisas não devem também ser muito respeitadas e estimadas como as únicas coisas que são realmente boas.

XIII. Tudo aquilo de que consisto é forma ou matéria. Nenhuma corrupção pode reduzir nenhuma delas a nada; pois não me tornei uma criatura existente do nada. Toda parte de mim, então, será disposta, por mutação, em alguma parte do mundo todo, e esta, com o tempo, em outra parte; e assim *in infinitum*; pelo mesmo tipo de mutação, também me tornei o que sou, e assim também os que me geraram, e os que vieram antes deles, e assim, para trás, *infinitum*. Pois assim é permitido que falemos, apesar de as eras e o governo do mundo estarem limitados e confinados a certos períodos de tempo.

XIV. Razão e poder racional são faculdades que se satisfazem consigo mesmas e suas devidas operações. Quanto aos seus primeiros movimento e inclinação, eles os tomam de si mesmas. Mas seu progresso ocorre diretamente para uma finalidade e um objetivo, que estão em seu caminho, por assim dizer, e jazem logo diante deles; isto é, o que é factível ou possível, seja ou não aquilo proposto a si mesmos no princípio. Pois com razão tais ações são denominadas κατορθώσεις[7], para anunciar a retidão do caminho pelo qual são alcançadas. Não se deve pensar que nada pertença a uma pessoa que não lhe deveria pertencer enquanto é uma pessoa. Estas, o evento de propósitos, não são requeridas em uma pessoa. A natureza da pessoa não deve professar tais coisas. O fim derradeiro e a consumação das ações são nada, em absoluto, para a natureza de uma pessoa. A finalidade de uma pessoa, portanto, ou seu *summum bonum*[8] pelo qual tal finalidade é realizada, não pode consistir na consumação de ações projetadas e intencionadas. Novamente, no tocante a estas coisas mundanas e externas, se ocorresse que algumas pertencessem adequadamente à pessoa, então não caberia à pessoa condená-las nem lhes fazer oposição. Nem aquele que pudesse viver sem elas

---

[7]Em grego no original, lê-se "katorthwseis". Significa "eretas, retas". (N.T.)

[8]"Bem supremo", em latim. (N.T.)

seria digno de elogio; nem seria bom (se elas fossem, de fato, boas) aquele que, de sua própria decisão, se privasse delas. Mas, ao contrário, vemos que, quanto mais uma pessoa se afasta daquilo de que consistem estas grandezas e pompas externas, ou semelhantes; e quanto mais suporta a perda delas, mais é justificado.

XV. Assim como são teus pensamentos e cogitações ordinárias, de tal forma será tua mente no tempo. Pois a alma, por assim dizer, recebe sua tintura das fantasias e imaginações. Tinge-a, portanto, e exaustivamente a mergulha na assiduidade das seguintes cogitações. Por exemplo, onde quer que vivas, lá está em teu poder o viver bem e feliz. Podes viver na corte, e lá estará também em teu poder o viver bem e feliz. Novamente, aquele que também é feito daquilo de que tudo é feito não pode senão inclinar-se naturalmente a isso. Tudo aquilo a que se inclina naturalmente, este é o fim. Naquilo em que consiste o fim de tudo, também devem consistir seus bens e benefícios. A sociedade é, portanto, o bem apropriado a uma criatura racional. Pois somos feitos para a sociedade, há muito isso já foi demonstrado. Ou pode alguma pessoa questionar que tudo aquilo que é naturalmente pior e inferior está ordinariamente subordinado ao que é melhor? E que todas as coisas melhores são feitas umas para as outras? E que as coisas que têm almas são melhores do que as que não têm? E dentre as que têm, as melhores são as que têm almas racionais?

XVI. Desejar o impossível é parte de uma pessoa louca. Mas uma coisa é impossível, que uma pessoa perversa não possa cometer feitos de tal natureza. Nem nada deve ocorrer a alguma pessoa que, no curso ordinário da natureza, não lhe ocorresse naturalmente. Novamente, as mesmas coisas acontecem a outros também. E, verdadeiramente, se aquele que é ignorante do fato de que tal coisa lhe aconteceu, ou se pode ser paciente aquele que é ambicioso para ser elogiado por sua magnanimidade, e não se entristece; não é lamentoso que tanto a ignorância quanto o desejo de agradar e de ser elogiado sejam mais poderosos e efetivos do que a verdadeira prudência? Pois, quanto às coisas em si mesmas, elas não tocam a alma nem podem ter acesso a ela; nem podem elas, por si mesmas, afetá-la ou influenciá-la. Pois apenas ela pode afetar e influenciar a si mesma, de acordo com os princípios e opiniões que pode assegurar por si mesma; assim são as coisas que, como acessórias, coexistem com ela.

XVII. Depois de ponderar um pouco, o Homem está mais próximo de nós; uma vez que somos obrigados a fazer-lhe o bem, e a tolerá-lo. Mas, uma vez que ele pode se opor a alguma de nossas ações apropriadas, então o Homem é para mim algo indiferente: como o sol, o vento ou uma besta selvagem. Pode ser que, por algum destes, uma ou outra operação minha seja impedida; contudo, de minhas próprias mente e resolução não pode haver permissão nem impedimento, em razão daquela constante que é tanto exceção (ou reserva, onde esteja, de tal forma, inclinada) quanto pronta conversão dos objetos; daquilo que não pode ser, àquilo que pode ser, com a continuação de suas inclinações, como serve a ocasião, deve-se observar. Pois, por meio dessas coisas, a mente pode mudar e converter qualquer impedimento para seu alvo e propósito. Então, o que antes era o impedimento, agora é o objetivo principal de seu trabalho; e aquilo que antes estava em seu caminho é agora seu mais imediato caminho.

XVIII. Honra o que é mais importante e mais poderoso no mundo, isto é, aquilo que faz uso de todas as coisas e governa todas as coisas. Então, também em ti mesmo, honra o que é mais importante e mais poderoso; e que é de um só tipo e natureza com aquele de que falei antes. Porque é exatamente a mesma coisa que, estando em ti, volta todas as outras coisas para seu uso, e por quem também tua vida é governada.

XIX. Aquilo que não fere a cidade não pode ferir cidadão algum. Desta regra deves lembrar-te, e aplicar, e usar em todo conceito e apreensão de erro. Se toda a cidade não será ferida por isto, também eu decerto não o serei. E se não é o todo, por que deveria causar-me mágoa? Considera melhor que é onde alguém é supervisionado que se pensa que ele errou. Novamente, medita com frequência sobre quão rapidamente as coisas que existem, e todas as coisas que são feitas no mundo, são levadas embora, quanto se transportadas para longe da visão. Pois a substância, por si mesma, a vemos como enchente em fluxo contínuo; e todas as ações em mudança perpétua; e as causas, por si mesmas, sujeitas a milhares de alterações; nem há quase nada sobre o qual se possa afirmar que está agora assentado e constante. Depois disso, e em decorrência disso, considera tanto a infinitude do tempo que já passou como a imensa vastidão do que virá, em que todas as coisas devem ser dissolvidas e aniquiladas. Não és, então, um grande tolo, porque te inflas de orgulho diante destas coisas, porque estás distraído com cuidados ou pode encontrar em teu coração motivo para gemer como se algo te perturbasse por um tempo muito longo? Considera o universo todo, do qual não és senão uma pequena parte, e toda a idade do mundo inteiro, da qual apenas um momento breve e bem passageiro foi destinado a ti, e todos os fados e destinos unidos, quanto deles é destinado a ti como parte e porção! Novamente, outro transgride contra mim. Deixa que ele encare isso. Ele é o mestre de sua própria disposição e de sua própria operação. Estou, por minha vez, no meio-tempo, em posse de tanto quanto a natureza comum me permitiria possuir. E aquilo que minha própria natureza me levaria a fazer, eu o faço.

XX. Não deixes que aquela parte principal que comanda a tua alma se sujeite a qualquer variação oriunda de dor ou prazer corpóreo nem toleres que se misture com eles, mas deixa que ambos se circunscrevam em si e confina essas afetações a suas próprias partes e membros apropriados. Todavia, se a qualquer momento eles se refletirem e ricochetearem contra a mente e o entendimento (como deve ocorrer em um corpo unido e compactado), então não deves tentar resistir à sensação e ao sentimento, uma vez que são naturais. Contudo, não reserves teu entendimento a essa sensação e esse sentimento naturais, os quais, sejam para a carne agradáveis ou dolorosos, são para nós propriamente nada; não opines que sejam bons ou ruins, e tudo estará bem.

XXI. VIVER COM OS DEUSES. VIVEU com os deuses aquele que, a todo momento, rende-lhes o espetáculo de uma alma ao mesmo tempo satisfeita e bem contente com o que quer que lhe seja rendido ou destinado a ela; e fazendo aquilo que é agradável ao Espírito, a quem (sendo parte dele mesmo) Júpiter designou a cada pessoa como seu supervisor e governante.

XXII. NÃO TE IRRITES COM AQUELE cujo hálito ou axilas sejam desagradáveis. O que ele pode fazer? Assim é seu hálito naturalmente, e assim são suas axilas; e disso, de tal efeito, tal cheiro deve proceder. "Ah, mas a pessoa", dizes tu, "tem entendimento em si, e pode saber por si mesmo que, estando próximo, não pode fazer senão incomodar." E tu também – graças a Deus! – tens entendimento. Deixa a tua faculdade da razão trabalhar sobre a faculdade da razão dele; mostra-lhe seu erro, admoesta-o. Se ele te ouvir, tu o curaste, e não haverá mais ocasião de raiva.

XXIII. "ONDE NÃO HAJA NEM FALASTRÕES, nem prostitutas." Por quê? Como projetas viver, quando tiveres te recolhido a um tal lugar onde não haja nem falastrão, nem prostituta, então poderás estar lá. E se não te suportarem, então é melhor que deixes tua vida a abandonares teu chamado, mas somente como alguém que não se considera de forma alguma equivocado. Apenas como alguém que diz: aqui há fumaça, quero me livrar dela. E que grande questão é esta! Agora, até que uma tal coisa me force para fora, continuarei livre; nenhuma pessoa poderá impedir-me de fazer o que quero, e minha vontade será sempre regulada e governada pela natureza apropriada a uma criatura racional e sociável.

XXIV. Aquela essência racional pela qual o universo é governado destina-se à comunidade e à sociedade; dessa forma, tanto fez as coisas piores para as melhores quanto aliou e costurou juntas aquelas que são melhores, por assim dizer, em harmonia. Não vês como ela subordinou e coordenou? E como distribui a todas as coisas de acordo com seu valor? E aqueles que têm a preeminência e a superioridade sobre todos, ela os uniu em uma concordância e assentimento mútuo.

XXV. Como tens te comportado diante dos deuses? Diante de teus pais? Diante de teus irmãos? Diante de tua esposa? Diante de teus filhos? Diante de teus mestres? Diante de teus pais adotivos? Diante de teus amigos? Diante de teus servos domésticos? Diante de teus outros servos? Ocorre que não feriste nenhum deles nem com palavras, nem com ações? Lembra-te, além disso, de quantas coisas pelas quais já passaste e quantas foste capaz de resistir; de tal forma que a lenda de tua vida está agora completa e teu dever foi cumprido. E, novamente, quantas coisas boas foram por certo discernidas por ti? Quantos prazeres, quantas dores pelos quais passaste com desprezo? Quantas coisas eternamente gloriosas desprezaste? Diante de quantas pessoas perversas e irracionais te portaste de modo gentil e prudente?

XXVI. Por que deveriam almas imprudentes e deseducadas perturbar aquela que é tanto educada quanto prudente? E qual alma é assim? Aquela que entendeu o começo e o fim, e tem conhecimento verdadeiro daquela essência racional que perpassa todas as coisas existentes, e através de todas as eras manteve-se sempre a mesma, dispondo e dispensando, por assim dizer, este universo por certos períodos de tempo.

XXVII. D‌entro de um tempo bem curto serás cinzas ou um esqueleto; e talvez um nome; e talvez, nem mesmo um nome. E o que é este senão um som oco e um eco que ricocheteia? Aquelas coisas que, para nós, nesta vida, são as mais caras e de mais conta, são em si mesmas vãs, pútridas, desprezíveis. As mais pesadas e sérias, se corretamente estimadas, não são senão filhotinhos que mordem uns aos outros; ou crianças desagradáveis, ora chorando, ora rindo. Quanto à fé, e à modéstia, e à justiça, e à verdade, elas, há muito tempo, como pretende um dos poetas, abandonaram esta terra ampla e recolheram-se aos céus. O que deves guardar aqui, então, se as coisas sensíveis são tão mutáveis e incertas? E os sentidos tão obscuros e falíveis? E nossas almas nada mais do que exalação de sangue? E que estar em crédito entre tais coisas é apenas vaidade? Por que ficas aqui? Uma extinção ou uma transferência, ambas com mente satisfeita e propícia. Mas, mesmo quando vier esse tempo, o que te contentará? O que, além de adorar e louvar aos deuses, e fazer bem às pessoas. A tolerá-las e não permitir que se lhes faça qualquer mal. E quanto a todas as coisas externas que pertencem a este teu corpo miserável, ou à tua vida, lembra-te de que nenhum dos dois são teus nem estão em teu poder.

XXVIII. P‌odes sempre apressar-te se quiseres fazer uma escolha apenas do modo correto; se no curso tanto de tuas opiniões quanto de tuas ações manténs um verdadeiro método. Estas duas sejam comuns às almas, tanto as dos deuses quanto as das pessoas e as de toda criatura racional; primeiro que, em seu próprio trabalho apropriado, eles não podem ser impedidos por nada; segundo, que sua felicidade consiste em uma disposição para a retidão e a prática dela; e, nisso, o desejo se encerra.

XXIX. SE ISTO NÃO SERÁ UM ato perverso de minha parte nem um ato que, de qualquer modo, dependa de qualquer maldade de minha parte, em que isso deve preocupar-me? E como o público pode se ferir com isso? Pois tu não deves deixar-te levar em absoluto por conceito ou opinião comum; quanto à ajuda, deves rendê-la a eles da melhor forma que puderes em tua habilidade e assim que a ocasião requerer, mesmo que causem dano nestas coisas intermediárias ou mundanas; mas, de qualquer forma, não penses que eles realmente se ferem com isso; porque isso não é correto. Porém, como o velho pai adotivo da comédia, pronto para sair agora com uma grande quantidade de pompa, requer de seu filho o rombo, ou chocalho, lembrando-se, contudo, de que não é nada mais do que um rombo; aqui aja do mesmo modo. Pois, de fato, o que é toda essa súplica e gritaria nas cortes? Ó pessoa, esqueces-te do que realmente são tais coisas! Ainda que sejam coisas pelas quais os outros muito se importem, e muito estimem. Queres, portanto, ser um tolo tu também? Eu o fui uma vez, que baste.

XXX. QUE A MORTE ME SURPREENDA quando e onde quiser, eu serei εὔμοιρος[9], ou uma pessoa feliz, de qualquer forma.

Porque é feliz aquele que, em sua vida, negocia para si uma porção e um quinhão felizes. UMA PORÇÃO E UM QUINHÃO felizes são as boas inclinações da alma, os bons desejos, as boas ações.

---

[9]Em grego no original, lê-se "ëumoiros". Quer dizer "abençoado pelo destino". (N.T.)

Livro Sexto

I. A MATÉRIA EM SI, DE que é feito o universo, é bem maleável e plástica. Aquela essência racional que o governa não tem em si causa alguma de praticar o mal. Não tem mal em si; nem pode fazer o que é mau; nem pode ser ferida por coisa alguma. E todas as coisas são feitas e determinadas de acordo com sua vontade e prescrição.

II. SÊ UNO EM TI MESMO, mesmo que estejas meio congelado ou meio quente; mesmo que apenas sonolento ou depois de um sono profundo; mesmo que desaconselhado ou aconselhado a fazer teu dever; mesmo que morrendo ou fazendo alguma outra coisa; pois também o "morrer" deve ser contado como um dos deveres e ações de nossas vidas.

III. OLHE PARA DENTRO, NÃO DEIXES que a qualidade apropriada ou que o verdadeiro valor de qualquer coisa passe desapercebido por ti antes que o tenhas apreendido por completo.

IV. TODAS AS SUBSTÂNCIAS LOGO ALCANÇAM sua mudança, e, ou serão dissolvidas por meio da exalação (se assim todas as coisas devem ser reunidas em uma substância), ou, como outros sustentam, que se espalharão e se dispersarão. Quanto àquela essência racional pela qual tudo é governado, melhor se compreende tanto em sua própria disposição quanto naquilo que faz, e naquelas questões com as quais tem a ver e de acordo com as quais executa todas as coisas; então, quanto a nós, que não o fazemos, não é surpresa que nos surpreendamos com tantas coisas cujas razões não podemos compreender.

V. A MELHOR FORMA DE VINGANÇA é não se tornar como eles.

VI. QUE ESTA SEJA TUA ÚNICA alegria e teu único conforto: passares de uma ação sociável e gentil à outra sem intermissão, com Deus sempre em tua mente.

VII. A PARTE RACIONAL QUE COMANDA, posto que, por si mesma, pode agitar-se e mudar-se; então ela fez a si mesma e fez aparecer a si mesma tudo o que acontece, e da forma que quiser.

VIII. DE ACORDO COM A NATUREZA do universo, todas as coisas particulares são determinadas, não de acordo com qualquer outra natureza que esteja prestes a englobar ou a conter; ou dentro, dispersa ou contida; ou fora, a depender. Este universo ou é uma massa confusa e um contexto intrincado de coisas – e serão, em algum momento, espalhados e dispersos novamente; ou são uma união que consiste em ordem e é administrada pela Providência. Se for a primeira, por que eu desejaria continuar nesta confusão e mistura fortuitas? E por que eu deveria cuidar de qualquer coisa senão de que eu logo poderia ser terra novamente? E por que eu deveria perturbar-me mais tentando agradar aos deuses? O que quer que eu faça, a dispersão é meu fim, que virá para mim, quer eu queira ou não. Mas se for a segunda, então não serei religioso em vão; então serei quieto e paciente, e porei minha confiança n'Ele, que é o Governante de tudo.

IX. A QUALQUER MOMENTO EM QUE fores forçado a estar em algum tipo de estado transtornado e irritado com ocorrências duras, retorna a ti mesmo assim que for possível, e não estejas fora do tom por mais tempo do que o necessário. Pois assim estarás mais apto a cumprir teu papel outra hora, e a manter a harmonia, se te acostumares a isso continuamente; uma vez fora, de imediato recorre a isto e começa de novo.

X. Se ocorre que tivesses ao mesmo tempo uma madrasta e uma mãe natural ainda viva, honrarias e respeitarias também a ela; ainda assim, buscarias refúgio em tua mãe natural, e recorreria a ela continuamente. Que assim sejam a corte e a filosofia para ti. Recorra a isto com frequência, e conforta-te com ela, por quem essas coisas tornam-se toleráveis para ti; e tu também, nestas coisas não intoleráveis para outros.

XI. Quão maravilhosamente útil é para uma pessoa representar a si mesmo as carnes, e todas as coisas relativas à boca, sob a verdadeira apreensão e imaginação! Por exemplo: esta é a carcaça de um peixe; esta, a de uma ave; e esta, a de um porco. Ainda mais genericamente: este licor, este vinho altamente elogiado, não é senão suco de uma uva ordinária. Esta túnica púrpura não é senão pelo de ovelha tingido com o sangue de um molusco. O mesmo quanto ao coito, que não é mais do que o atrito de um membro vil, e a secreção de uma substanciazinha vil após uma certa convulsão – de acordo com a opinião de Hipócrates. Quão excelentes e úteis são essas fantasias e representações vívidas das coisas, que assim penetram e perpassam os objetos, tornando conhecida e aparente sua verdadeira natureza. Deves estar acostumado a isso por toda a vida e em todas as ocasiões; e, então, em especial quando as questões forem apreendidas como de grande valor e de grande respeito, tua técnica e teu cuidado devem ser revelá-los e encarar sua vileza, e retirar deles todas as circunstâncias e expressões sob as quais eles parecem tão sérios. Porque a pompa e a aparência externa são grandes impostoras; e, neste caso, em especial, estás mais vulnerável a seres enganado por eles quando (ao pensamento humano) mais pareceres estar empenhado nas questões do momento.

XII. Vê o que Crates pronunciou a respeito do próprio Xenócrates.

XIII. As coisas que as pessoas comuns admiram são, em sua maioria, coisas genéricas, e podem ser compreendidas como coisas meramente naturais ou naturalmente afetadas e qualificadas: pedras, madeira, figos, vinhas, azeitonas. Aquelas que são admiradas por aqueles mais moderados e contidos são compreendidas como coisas animadas: como rebanhos e gado. Aqueles que são ainda mais gentis e curiosos têm sua admiração comumente confinada apenas a criaturas racionais; não porque são racionais em geral, mas enquanto capazes de técnica, ou de alguma criação, ou invenção sutil, ou talvez mesmo a criaturas pouco racionais, como os que se deleitam com a posse de muitos escravos. Mas aquele que honra uma alma racional em geral, como é naturalmente racional e sociável, fará pouco caso de qualquer outra coisa; e, acima de tudo, terá cuidado para preservar a sua própria, no hábito e exercício contínuo tanto da razão quanto da sociabilidade; e, com isso, ele coopera com aquele de cuja natureza também participa: Deus.

XIV. ALGUMAS COISAS APRESSAM-SE PARA SER, outras para deixar de ser. E, ainda, o que quer que exista agora, parte dele já pereceu. Fluxos perpétuos e alterações renovam o mundo, de forma que o perpétuo curso do tempo faz a idade do mundo (infinito por si mesmo) parecer sempre fresca e nova. Neste fluxo e curso de todas as coisas, quais destas que se apressam tão rapidamente deveria uma pessoa encarar, já que, entre todas, não há nenhuma à qual uma pessoa se possa atar ou fixar? Como se uma pessoa dedicasse sua afeição a um pardal ordinário que vive perto dela, que logo não será mais visto nem estará à vista. Pois não devemos pensar de outra forma a respeito de nossas vidas, senão que são mera exalação de sangue ou de qualquer sopro ordinário de ar. Pois o que é em nossa apreensão comum o inspirar e o expirar o ar novamente, que fazemos todos os dias, tanto ela é e nada mais; de uma vez expirar toda a tua faculdade respiratória naquele ar comum do qual tardiamente (sendo de ontem e de hoje) respiraste pela primeira vez e, com ele, a vida.

XV. Nem a inspiração vegetativa (como têm as plantas), não é certo que essa vida seria querida para nós; nem a respiração sensitiva, própria da vida das bestas, tanto as domadas quanto as selvagens; nem esta nossa faculdade imaginativa; nem que sejamos sujeitos a sermos levados e arrastados para cima e para baixo pela força de nossos apetites sensuais; nem que possamos nos unir e viver juntos; nem que possamos nos alimentar, posto que isso, de fato, não é melhor do que podermos nos aliviar dos excrementos de nossa comida. O que deveria, então, ser querido para nós? Ouvir um barulho estrondoso? Se isso não, então também não ser aplaudido pela língua dos Homens. Porque os elogios de muitas línguas não é, de fato, nem um pouco melhor do que o estrondo de muitas línguas. Se nem o aplauso, então, o que resta para ser querido por ti? Penso o seguinte: que em todos os teus movimentos e em tuas ações sejas movido e restringido de acordo apenas com tua própria constituição e construção naturais e verdadeiras. E a isso nos levam até os ofícios e profissões mais comuns. Porque tudo aquilo a que se destina um ofício, e o que quer que seja efetuado e preparado por um ofício, é adequado à obra para a qual é preparado. Esta é a finalidade na qual mira aquele que prepara a vinha, e aquele que se encarrega de adestrar potros e cachorros. A que mais tenderia a educação da criança e todas as profissões aprendidas? Por certo, então, é isso que deveria ser querido para nós. Se nesse particular for bom para ti, não te cuides de obter outras coisas. Mas ocorre que não podes evitar de respeitar outras coisas também? Não podes, então, ser livre? Então não podes ter autossatisfação; então estarás sempre sujeito a perturbações emocionais. Pois não é possível que sejas outra coisa que não invejoso, ciumento e suspeitoso daqueles que sabes poderem privar-te de tais coisas; e, ainda, um prejudicador secreto daqueles que vês em posse daquilo que é querido por ti. Em resumo, quem necessita de tais coisas deve, por necessidade lógica, estar cheio de confusão dentro de si, e frequentemente acusar os deuses. Mas se honrares e respeitares apenas tua mente, isso te tornará mais aceitável para ti mesmo e muito dócil para teus amigos; e conformado e concordante com os deuses; isto é, aceitando quaisquer elogios que eles julgarem bem destinar e reservar para ti.

XVI. PARA BAIXO, PARA CIMA E em volta, esses são os movimentos dos elementos; mas o movimento da virtude não é nenhum desses, porém um tanto mais excelente e divino. Essa via (apressar-se e prosperar nela) deve ser uma jornada que não é de fácil compreensão.

XVII. QUEM PODE FAZER OUTRA COISA senão surpreender-se com eles? Não falarão bem daqueles que estão, ao mesmo tempo, com eles, e vivem com eles; ainda assim, eles mesmos são ambiciosos, porque seguirão a quem nunca viram nem jamais verão, se falar bem deles. Como se uma pessoa devesse entristecer-se por não ter sido elogiado por homens que viveram antes dele.

XVIII. NUNCA CONCEBAS NADA IMPOSSÍVEL À pessoa, de tal forma que não possa ser efetuado por ti ou não sem muita dificuldade; mas aquilo que podes conceber como possível e apropriado para qualquer pessoa, pensa também ser possível para ti.

XIX. SUPONHA QUE, NA ESCOLA DE luta, alguém tenha completamente destroçado-te com suas unhas e quebrado tua cabeça. Bem, estás ferido. Ainda assim, não exclamarás que está ofendido por ele. Não suspeitarás depois que ele procurou causar-te prejuízo. De fato, até mesmo, apesar de teres dado teu melhor para poupar-te dele, não o fizeste perante ele como um inimigo. Não é por meio da indignação suspeitosa, mas por meio de uma negação gentil e amigável. Guarda a mesma disposição para outras partes da vida também. Pois há muitas coisas que devemos conceber e apreender como se tivéssemos de lidar com um oponente na escola de luta. Pois, como eu disse, é bem possível que evitemos e neguemos, apesar de nunca suspeitar nem odiar.

XX. Se alguém me reprovar e tornar aparente para mim que, em qualquer opinião ou ação de minha parte, eu esteja errado, eu me retratarei de bom grado. Porque é a verdade que busco, pela qual tenho certeza que ninguém, jamais, foi ferido; e tanta certeza quanto tenho de que se fere aquele que continua em erro ou em qualquer tipo de ignorância.

XXI. Da minha parte, quero fazer o que pertence a mim; quanto ao resto, sejam coisas insensíveis ou irracionais; ou, se racionais, enganosas e ignorantes da verdadeira via, elas não me perturbarão nem distrairão. Pois, quanto àquelas criaturas que não são dotadas de razão e de todas as outras coisas e matérias do mundo, o que quer que sejam, eu, como alguém dotado de razão, faço uso livre e generoso das coisas que não são dotadas de nenhuma. Quanto às pessoas, meu cuidado é portar-me de modo sociável com elas, que são partícipes da mesma razão. Mas o que quer que estejas prestes a fazer, lembra-te de invocar os deuses. E quanto à extensão do tempo que viverás para fazer tais coisas, que seja indiferente para ti, pois mesmo três horas são suficientes.

XXII. Alexandre da Macedônia e aquele que preparava suas mulas, uma vez mortos, ambos tornaram-se um. Pois ou ambos retornaram àquelas essências racionais de onde todas as coisas do mundo se propagam, ou ambos se dispersaram, do mesmo modo, em átomos.

XXIII. Considera quantas coisas diferentes, sejam concernentes a nossos corpos, sejam a nossas almas, passam por cada um de nós em um instante, e então não te surpreenderás se muito mais coisas, ou melhor dizendo, todas as coisas que são feitas subsistam e coexistam neste que é, ao mesmo tempo, uno e geral, a que chamamos de mundo.

XXIV. Se alguém te dirigir a seguinte questão: como se escreve esta palavra, "Antonino", não fixarás tua atenção nela de imediato, e enunciarás em ordem cada letra dela? E se alguém começar a contradizer-te e a querelar contigo por causa dela, preferirás querelar com ele também, ou continuarás mansamente, como começaste, até teres enumerado cada letra? Aqui lembra-te, então, igualmente, de que cada tarefa pertencente a uma pessoa consiste em certas letras e números, por assim dizer, para os quais, sem nenhum ruído nem tumulto, guardando-te a ti mesmo, deves ordeiramente proceder a seu fim planejado, evitando querelar com aquele que quiser querelar e brigar contigo.

XXV. NÃO É CRUEL PROIBIR OS homens de fazer as coisas que eles pensam concordar melhor com suas próprias naturezas, e tender mais a seu bem e vantagem próprios e apropriados? Mas tu, de certo modo, negas-lhes esta liberdade com tanta frequência quanto te irritas com eles por seus pecados. Pois com certeza são levados a estes pecados, o que quer que sejam, como se fossem seu bem e comodidade adequados. Mas isso não é verdade (talvez objetes). Então tu ensina-lhes melhor, e torna aparente para eles; mas, com eles, não te irrites.

XXVI. A MORTE É A CESSAÇÃO da impressão dos sentidos, da tirania das perturbações emocionais, dos erros da mente e da servidão do corpo.

XXVII. SE, NESTA SORTE DE VIDA, teu corpo for capaz de resistir, é uma pena que tua alma deva esvanecer antes, cedendo; presta atenção para que, de filósofo, não te tornes apenas um mero César no tempo e recebas uma nova tintura da corte. Porque pode ser que isso aconteça se não prestares atenção. Mantém-te, portanto, verdadeiramente simples, bom, sincero, sério, livre de toda ostentação, um amante do que é justo, religioso, gentil, brando de coração, forte e vigoroso para suportar o que quer que te convenha. Tenta continuar assim, como a filosofia (a ela te aplicaste de todo e com constância) teria feito e assegurado para ti. Adora aos deuses, obtém o bem-estar dos homens; esta vida é curta. Ações caridosas e uma disposição sagrada são os únicos frutos desta vida mundana.

XXVIII. Age em todas as coisas como convém ao discípulo de Antonino Pio. Lembra-te de sua constância resoluta nas coisas feitas por ele de acordo com a razão; sua equabilidade em todas as coisas, sua santidade; a alegria de seu semblante, sua doçura, e como ele estava livre de toda vanglória; como era cuidadoso para alcançar o conhecimento verdadeiro e exato de todas as questões que o tocavam, e como ele não cederia de forma alguma até ter completa e diretamente compreendido o estado total da questão; e quão pacientemente, e sem nenhuma contestação, ele tolerava aqueles que o condenavam de modo injusto; como ele não se apressava demais para nada nem dava ouvidos à calúnia e a falsas acusações, mas examinava e observava com a melhor diligência as diversas ações e disposições dos homens. E, ainda, como ele não era difamador, nem facilmente amedrontado, nem suspeito; e em sua língua, livre de toda afetação e curiosidade; e quão facilmente ele se satisfazia com poucas coisas no que tocava a alojamento, cama, roupas, refeições e companhia comuns. Quão capaz ele era de suportar o trabalho, quão paciente; capaz, por meio de sua dieta parca, de continuar da manhã à tarde sem qualquer necessidade de retirar-se antes daquelas horas a que estava acostumado para as necessidades da natureza; sua uniformidade e constância no que tocava à amizade. Como ele tolerava aqueles que se opunham a suas opiniões com ousadia e liberdade; e mesmo se alegrava se alguma pessoa conseguisse aconselhá-lo para o melhor; e, por fim, quão religioso era, sem superstição. Todas essas qualidades dele, lembra-te delas, de modo que, em qualquer momento no qual venha tua hora final, ela possa encontrar-te, como o encontrou, pronto para ela e em posse de boa consciência.

XXIX. Agita tua mente e chama de volta dos teus sonhos naturais e visões teu juízo, e quando estiveres perfeitamente acordado, podes perceber que eram apenas sonhos o que te perturbava; como alguém recém-desperto de outro tipo de sono, olha para estas coisas mundanas com a mesma mente, assim como fizeste com aquelas que viste em teu sono.

XXX. CONSISTO EM CORPO E ALMA. Para meu corpo, todas as coisas são indiferentes, pois, por si mesmo, ele não pode afetar mais uma coisa do que outra com a apreensão de alguma diferença; quanto à minha mente, todas as coisas fora das margens de sua própria operação lhe são indiferentes; e quanto a suas operações, estas dependem em absoluto apenas dela; ela não se ocupa de nenhuma outra que não a presente; quanto às operações futuras e passadas, estas são, agora, neste presente, indiferentes para ela.

XXXI. DESDE QUE O PÉ FAÇA o que lhe é devido; e a mão, o que lhe diz respeito; seu trabalho, o que quer que seja, não é antinatural. Assim também o Homem, desde que faça o que é próprio ao Homem, seu trabalho não pode ser contra a natureza; e se não é contra a natureza, também não pode ser prejudicial a ele. Se a felicidade realmente consistisse no prazer, como puderam ladrões notórios, biliosos impuros e abomináveis, parricidas e tiranos em tão grande medida encontrar sua parte de prazeres?

XXXII. NÃO VÊS COMO ATÉ AQUELES que professam ofícios mecânicos, mesmo que, em alguma medida não sejam melhores do que meros idiotas, ainda assim eles atêm-se próximos ao curso de seu trabalho e não encontram disposição de desviar-se; e não é algo lamentável que um arquiteto ou médico deva respeitar mais o curso e os mistérios de sua profissão do que uma pessoa respeita o curso apropriado e a condição de sua própria natureza, a razão, que é comum a ele e aos deuses?

XXXIII. ÁSIA, EUROPA; o que são senão cantos do mundo inteiro; do qual o mar inteiro não é senão uma gota; e o grande monte Atos, senão um torrão, assim como todo o tempo presente não é nada senão um ponto da eternidade. Tudo coisa mesquinha; ou todas são severa e particularmente deliberadas e decididas pelo governante e soberano de todas as coisas; ou todas o são por consequência necessária. De tal forma que a bocarra de um leão boquiaberto, e todo veneno, e todas as coisas danosas, não são senão (como o espinho e a lama) a consequência de coisas boas e justas. Não penses nelas, portanto, como contrárias àquilo que tanto honras e respeitas; mas considera em tua mente a fonte de tudo.

XXXIV. Aquele que vê as coisas que são agora viu todas as coisas que já foram, ou que serão em algum momento, pois todas as coisas são de um só tipo; e todas semelhantes umas às outras. Medita com frequência sobre a conexão de todas as coisas do mundo e sobre a relação mútua que têm entre si. Pois todas as coisas são, de algum modo, dobradas e envolvidas umas dentro das outras, e por meio disso todas concordam bem com todas. Pois uma coisa é consequência da outra, por movimento local, por conspiração e acordo natural, e por união substanciosa ou redução de todas as substâncias em uma só.

XXXV. Encaixa e acomoda-te ao estado e às ocorrências que foram anexadas a ti pelos destinos; e ama aqueles com quem, por teu destino, deves viver; mas ama-os verdadeiramente. Um instrumento, uma ferramenta, um utensílio, o que quer que seja, se é adequado para o propósito para o qual foi feito, ele é como deve ser, mesmo que aquele que o fez possa estar fora de vista e ter-se ido, ocasionalmente. Mas nas coisas naturais, aquela força que as moldou e adequou está e reside dentro delas ainda; motivo pelo qual deve ser ainda mais respeitada, e nós ainda mais obrigados (se devemos viver e passar nosso tempo de acordo com o propósito e intenção dela) a pensar que tudo está bem conosco e de acordo com nossas próprias mentes. E desse modo também ocorre que aquele que está em tudo, em tudo aproveitará de sua felicidade.

XXXVI. Aquelas coisas, o que quer que sejam, que não estão no poder e na jurisdição apropriados de tua vontade para contornar ou evitar, se propuseres para ti mesmo que qualquer uma delas é boa ou má, deve decorrer que, em concordância, deves, ou cair naquilo que consideras mau, ou deixar passar desapercebido aquilo que consideras bom; então estás preparado tanto para reclamar dos deuses quanto para odiar aqueles que seriam de fato a causa, ou dos quais virias a suspeitar serem a causa, de deixares passar uma coisa ou de caíres na outra. De fato, deve decorrer que cometeremos muitas perversidades se nos inclinarmos a uma dessas coisas, mais ou menos, com uma opinião de diferença. Mas, se imaginamos como más ou boas e importamo-nos apenas com aquelas coisas que dependem completamente de nossas vontades, não haverá mais ocasião pela qual devemos murmurar contra os deuses ou estar em inimizade com qualquer pessoa.

XXXVII. Trabalhamos todos para um único efeito, alguns de modo voluntário e com apreensão racional daquilo que fazemos; outros sem tal conhecimento. Acho que foi Heráclito quem disse, em algum lugar, dos que dormem, que mesmo estes trabalham a seu modo, e comparam-se às operações do mundo. Uma pessoa coopera, portanto, de uma forma; e outra de outra; mas mesmo aquela que murmura, e resiste, e impede seu poder; até mesmo ela, de fato, coopera. Pois também disso o mundo precisou. Agora, considera entre quais destes queres alistar-te. Pois aquele que é o Administrador de tudo, ele fará bom uso de ti, quer queiras, quer não queiras, e fará com que tu (como parte e membro de um todo) coopere deste modo com ele, de tal forma que, o que quer que faças, será para o avanço de seus planos e resoluções. Mas não sejas, por vergonha, tal parte do todo, como aquele verso vil e ridículo (que Crísipo mencionou em algum lugar) que é parte da comédia.

XXXVIII. Por acaso o sol se encarrega de fazer aquilo que pertence à chuva? E seu filho Esculápio, aquilo que pertence propriamente à terra? Como ocorre com cada uma das estrelas em particular? Mesmo que todas se diferenciem umas das outras, e tenham suas diferentes funções e encargos, não concorrem e cooperam todas, apesar disso, para um único fim?

XXXIX. Se ocorre que os deuses deliberaram em particular sobre as coisas que devem ocorrer para mim, devo suportar sua deliberação como alguém prudente e sábio. Pois é difícil de se conceber que um Deus seja um Deus imprudente: e por que deveria sua decisão me prejudicar? Pois que benefício poderia emergir disso para eles ou para o universo (do qual eles cuidam em especial)? Porém, se ocorrer também que eles não deliberaram de mim em particular, eles certamente o fizeram do todo em geral, e aquelas coisas que, em consequência e coerência desta deliberação geral, acontecem para mim em particular, estou obrigado a abraçá-las e a aceitá-las. Contudo, se ocorrer que eles não deliberaram em absoluto (o que, de fato, é algo muito irreligioso para que uma pessoa acredite; pois isto nos levaria a não sacrificar, nem rezar, nem respeitar nossos juramentos, nem nos levará a acostumar-nos e a fazer diariamente qualquer uma destas coisas que somos persuadidos a fazer por causa da presença e conversação secreta dos deuses entre nós), mas, eu digo, se ocorrer que eles, de fato, não tenham deliberado, nem em particular, nem em geral, sobre nada dessas coisas que acontecem a nós neste mundo, ainda assim, graças a Deus, que aquelas coisas que concernem a mim, é-me lícito deliberar sobre elas por minha própria conta, e toda minha deliberação não concerne senão aquilo que é mais vantajoso para mim. Agora, o que é mais vantajoso para cada um é aquilo que está de acordo com sua própria constituição e natureza. E minha natureza é ser racional em todas as minhas ações, e, como membro natural e bom de uma cidade e de uma comunidade, ter sempre uma disposição e uma afetação sociável e gentil diante de meus companheiros. Minha cidade e meu país, enquanto sou Antonino, é Roma; enquanto sou pessoa, o mundo inteiro. Portanto, aquilo que é vantajoso e oportuno para tais cidades é a única coisa que é oportuna e boa para mim.

XL. O QUE QUER QUE ACONTEÇA, de qualquer modo, a alguém, é oportuno para o todo. E que basta para contentar-nos aquilo que é oportuno para o todo em geral. Mas também tu o perceberás em geral, se prestares atenção diligentemente àquilo, o que quer que seja, que aconteça a uma pessoa ou a pessoas... E agora estou contente que a palavra "oportuno" deva ser mais geralmente entendida com relação às coisas que consideramos, de outra forma, coisas intermediárias ou coisas indiferentes, como saúde, riqueza e afins.

XLI. COMO OS ESPETÁCULOS ORDINÁRIOS DO teatro e lugares semelhantes, quando se apresentam a ti, afetam-te; como as mesmas coisas vistas de novo, e da mesma forma, tornam a visão desagradável e tediosa; assim também devem afetar-nos as coisas que vemos ao longo da vida. Porque todas as coisas, acima e abaixo, são as mesmas de novo, e oriundas das mesmas causas. Quando haverá, então, um fim?

XLII. QUE AS DIVERSAS MORTES DE pessoas de toda sorte, e profissões de toda sorte, e toda sorte de nações, sejam objeto perpétuo de teus pensamentos... de tal forma que possas até mesmo chegar a Filístio, Febo e Origânio. Passa agora a outras gerações. Lá encontrarás, após muitas mudanças, o lugar onde estão oradores tão corajosos; onde estão tantos filósofos tão graves; Heráclito, Pitágoras, Sócrates. Onde estão tantos heróis de tempos antigos; e então onde estão capitães tão corajosos dos tempos mais recentes; e tantos reis. Depois de todos estes, vieram Eudoxo, Hiparco, Arquimedes; onde estão tantas outras disposições agudas, generosas, engenhosas, sutis, peremptórias; e, entre outros, até aqueles que foram os maiores escarnecedores e zombadores da fragilidade e da brevidade desta nossa vida humana; como Menipo, e outros tantos que houveram como ele. De todos estes considera que há muito tempo estão mortos e já se foram. E o que eles sofrem com isso? Ou melhor, aqueles que não têm mais nada além de um nome que sobrevive, em que são piores por isso? Uma coisa há, e só ela, que vale a pena em nosso momento neste mundo, e deve, por isso, ser estimada; e é, de acordo com a verdade e a retidão, conversar, mansa e amorosamente, com homens falsos e injustos.

XLIII. Quando quiseres confortar-te e regozijar-te, lembra-te dos dons e das virtudes daqueles com quem conversas diariamente: por exemplo, em um, o engenho; em outro, a modéstia; em outro, a generosidade; em outro, alguma outra qualidade. Pois nada poderá alegrar-te tanto quanto as semelhanças e os paralelos das diversas virtudes, destacadas e visíveis nas disposições daqueles que vivem contigo, em especial quando se apresentam para ti todas de uma só vez. Cuida, então, para que as tenha sempre de prontidão.

XLIV. Lamentas que peses apenas tantos quilos, em vez de cento e trinta? Assim tanta razão tens de lamentar-te que devas viver tantos anos, e não mais tempo. Porque, quanto à massa e substância, te contentas com a proporção que foi destinada para ti; assim também deves fazer com o tempo.

XLV. Que façamos nosso melhor para persuadi-los; mas se, de algum modo, a razão e a justiça te levarem a algo, faze-o, mesmo que nunca tenham se oposto tanto a isso. Contudo, se alguém por força resistir a ti, e impedir-te com isso, converte tua inclinação virtuosa de um objeto para outro, da justiça para a equanimidade satisfeita e paciência alegre; de tal forma que, daquilo que é impedimento em uma virtude, possas fazer uso para exercitar outra; e lembra-te de que foi com as devidas exceção e reserva que te inclinaste e desejaste em primeiro lugar. Porque não voltaste tua mente para coisas impossíveis. Para quais coisas, então? Que todos os teus desejos possam ser sempre moderados com este tipo de reserva devida. E isso tens, e podes sempre obter, estando aquilo que desejas em teu poder ou não. Com que mais me importarei, senão com a existência daquilo para que nasci e fui trazido ao mundo (para dominar todos os meus desejos com razão e prudência)?

XLVI. O AMBICIOSO SUPÕE QUE O ato de outra pessoa, elogio e aplauso, é sua felicidade. O voluptuoso, seus próprios sentidos e sentimentos; mas aquele que é sábio, sua própria ação.

XLVII. ESTÁ EM TEU PODER EXCLUIR em absoluto toda forma de conceito e opinião concernentes a este assunto; e, pelos mesmos meios, excluir todo lamento e tristeza de tua alma. Pois quanto às coisas e objetos em si, eles mesmos não têm tal poder pelo qual gerem e forçam qualquer opinião sobre nós em absoluto.

XLVIII. ACOSTUMA-TE A OUVIR ALGUÉM QUANDO ele fala contigo e, nesse ínterim, não cedas a nenhum outro pensamento; de tal forma que possas (na medida do possível) parecer fixo e atado à própria alma dele, quem quer que fale contigo.

XLIX. AQUILO QUE NÃO É BOM para a colmeia não pode ser bom para a abelha.

L. OS PASSAGEIROS E PACIENTES ACHARÃO ruim e reclamarão, se um for bem transportado e o outro bem curado? Eles se importam com qualquer outra coisa além disto: um, que o capitão de seu barco os leve a salvo para a terra, e o outro que seu médico obtenha sucesso na sua recuperação?

LI. QUANTOS DAQUELES QUE VIERAM AO mundo ao mesmo tempo que eu já se foram dele?

LII. AOS QUE ESTÃO DOENTES DE icterícia, o mel parece amargo; e àqueles que são mordidos por um cão raivoso, a água parece terrível; e às crianças, uma pequena bola parece algo refinado. Por que, então, eu deveria estar irritado? Ou penso que o erro e a opinião falsa são menos poderosos para fazer alguém transgredir, que a cólera, sendo imoderada e excessiva para criar icterícia, e o veneno para causar raiva?

LIII. Ninguém pode impedir-te de viver como requer tua natureza. Nada pode acontecer a ti senão aquilo que o bem comum da natureza requer.

LIV. Que tipo de pessoas são aquelas que eles buscam agradar, e para obter o quê, e por quais ações: quão imediatamente o tempo cobrirá e enterrará todas as coisas, e quantas já enterrou!

Livro Sétimo

I. O QUE É A PERVERSIDADE? É aquilo que muitas vezes e com frequência já viste e conheceste no mundo. E tão frequentemente quanto algo aconteça e, de algum modo, perturba-te, que esta lembrança venha logo à tua mente: que já viste e conheceste com frequência tal coisa. Em geral, acima e abaixo, encontrarás apenas as mesmas coisas. Exatamente as mesmas coisas das quais as histórias antigas, histórias de eras intermediárias e histórias frescas estão repletas, das quais cidades estão repletas, e das quais casas estão repletas. Não há nada novo. Todas as coisas são tanto usuais quanto de pouca duração.

II. QUE MEDO HÁ DE QUE teus princípios, ou resoluções e conclusões filosóficas, possam morrer em ti e perder seu poder e efeito apropriados de fazer-te feliz, desde que aquelas fantasias apropriadas e correlativas e as representações das coisas das quais mutuamente dependem (e que está em teu poder continuamente agitar e reviver) sejam mantidas frescas e vivas? Está em meu poder a respeito desta coisa que aconteceu, o que quer que seja, conceber aquilo que é justo e verdadeiro. Se for assim, por que, então, estou perturbado? As coisas fora de meu entendimento não são nada em absoluto; e é apenas isto que concerne propriamente a mim. Esteja sempre com esse pensamento, e tu estarás correto.

III. Aquilo pelo que a maioria dos homens se julgaria mais feliz, e preferiria sobre todas as coisas que os deuses lhes dessem após sua morte, tu podes dar a ti mesmo enquanto vives: viver de novo. Vê as coisas do mundo novamente como se já as tivesses visto. Pois o que mais é viver de novo? Apresentações públicas e solenidades com muita pompa e vaidade, peças de teatro, rebanhos e manadas; conflitos e brigas, um osso atirado a um grupo de vira-latas famintos; uma isca para peixes gananciosos; a dor e o carregar contínuo de fardos das formigas miseráveis, o correr para lá e para cá de ratinhos amedrontados; pequenos bonecos puxados para cima e para baixo com fios e nervos: estes são os objetos do mundo dentre os quais deve resistir, inabalável, afetado com mansidão e livre de toda forma de indignação; com este raciocínio e apreensão corretos; de tal forma que o valor das coisas que uma pessoa afeta, assim é de fato o valor de cada pessoa, mais ou menos.

IV. Palavra a palavra, cada uma por si, devem as coisas ditas ser concebidas e compreendidas; e assim as coisas que são feitas, propósito após propósito, cada uma por si igualmente. E quanto à questão de propósitos e ações, devemos imediatamente ver qual é o uso apropriado e a relação de cada um; assim também das palavras devemos estar prontos para considerar qual o verdadeiro sentido e a significação de cada uma de acordo com a verdade e a natureza, independentemente de como são tomadas pelo uso comum.

V. Minha razão e meu entendimento são suficientes para isto ou não? Se são suficientes, sem qualquer aplauso privado ou ostentação pública de um instrumento do qual sou provido por natureza, farei uso dele para o trabalho a ser concluído, como de um instrumento do qual sou provido por natureza. Se não for assim e, de outro modo, não pertencer a mim como dever privado, abrirei mão dele e deixarei para outro que possa efetuá-lo melhor; ou tentarei fazê-lo, mas com a ajuda de outro, o qual, com o auxílio conjunto de minha razão, pode concretizá-lo, de forma que será agora oportuno e útil ao bem comum. Pois, o que quer que eu faça, seja sozinho, ou com outrem, a única coisa que devo ter por intenção é que seja bom e oportuno para o público. Pois, quanto ao elogio, considera quantos foram antes elogiados e agora foram esquecidos, e mais ainda, como aqueles que elogiaram já estão, eles mesmos, mortos e se foram há um longo tempo. Não te envergonhes, portanto, quando deves usar a ajuda de outros. Porque, o que quer que deves efetuar, deves dispor-te a fazê-lo como um soldado a escalar paredes. E se tu, seja por claudicação, seja por algum outro impedimento, não fores capaz de alcançar por conta própria as almeias que poderias alcançar com a ajuda de outro, desistirá delas ou lançar-te-ás para elas com menos coragem e entusiasmo porque não podes efetuá-lo por conta própria?

VI. NÃO DEIXES QUE COISAS FUTURAS perturbem-te. Se a necessidade requer que venham a acontecer, tu estarás provido (em qualquer momento que seja) para elas com a mesma razão pela qual qualquer coisa agora presente torna-se para ti tanto tolerável quanto aceitável. Todas as coisas são ligadas e costuradas juntas, e o nó é sagrado; nem há nada no mundo que não seja gentil e natural em relação a alguma outra coisa ou que tem algum tipo de referência e correspondência natural com o que quer que seja no mundo além. Pois todas as coisas são alistadas juntas e, por aquela decência do devido lugar e ordem que cada particular observa, todas elas concorrem para a feitura de um único e mesmo κόσμος ou mundo: como disseste, uma obra agradável e uma composição ordeira. Pois, para todas as coisas, inteiramente, há apenas uma única e mesma ordem; e através de todas as coisas, um único e mesmo Deus, a mesma substância e a mesma lei. Há uma única razão comum, e uma única verdade comum, que pertence a todas as criaturas racionais, pois não há nenhuma outra exceto uma única perfeição de todas as criaturas que são do mesmo tipo e partícipes da mesma razão.

VII. O QUE QUER QUE SEJA material deverá em breve desaparecer na substância comum do mundo; e o que quer que seja formal ou o que quer que anime aquilo que é material, logo retornará à razão comum do mundo; e a fama e memória de qualquer coisa é logo engolida pela idade e duração gerais do todo.

VIII. PARA A CRIATURA RACIONAL, A mesma ação está tanto de acordo com a natureza quanto de acordo com a razão.

IX. RETO POR SI MESMO, NÃO retificado.

X. COMO MUITOS MEMBROS EM UM único corpo unidos, assim são as criaturas racionais em um corpo divididas e dispersas, todas feitas e preparadas para uma única operação comum. E isto apreenderás melhor se te acostumares a dizer com frequência para ti mesmo, eu sou μέλος[10], ou um membro da massa e corpo das substâncias racionais. Mas se disseres, eu sou μέρος[11], ou parte, tu ainda não amas aos Homens de coração. A alegria que tens no exercício da abundância não está ainda alicerçada sobre o raciocínio devido e a apreensão correta da natureza das coisas. Tu te exercitas nisso apenas sobre este chão, como algo conveniente e adequado; não como se fizesses bem a ti quando ajudas aos outros.

XI. DAS COISAS EXTERNAS, ACONTEÇA O que quiser àquele que pode sofrer por acidentes externos. Essas coisas que sofrem, deixa que reclamem consigo mesmas, se quiserem; quanto a mim, desde que eu não conceba que aquilo que aconteceu é mau, não tenho prejuízo; e está em meu poder não conceber uma tal coisa.

---

[10]Em grego no original, lê-se "mélos". Quer dizer "membro, parte do corpo". (N.T.)

[11]Em grego no original, lê-se "méros". Quer dizer "parte, porção". É mais genérico que "mélos". (N.T.)

XII. O QUE QUER QUE UMA pessoa faça ou diga, tu deves ser bom; não pelo amor de qualquer pessoa, mas pelo amor de tua própria natureza; como se o ouro, a esmeralda ou a púrpura devessem sempre dizer a si mesmos: "O que quer que uma pessoa diga ou faça, eu sou uma esmeralda e devo guardar minha cor."

XIII. QUE ISTO SEJA SEMPRE MEU conforto e segurança: meu entendimento, que preside a tudo, não trará transtorno nem perturbação para si mesmo. Isto eu digo: ele não imporá a si qualquer medo, não levará a si mesmo a qualquer cobiça. Se está no poder de algum outro o compelir ao medo ou ao lamento, ele está livre para usar seu poder. Mas é certo que, se por si mesmo ele não se inclina a tal disposição, por meio de alguma falsa opinião ou suposição, não há o que temer. Pois, quanto ao corpo, por que eu deveria tornar o sofrimento do meu corpo o sofrimento da minha mente? Se algo pode, por si mesmo, ter medo ou reclamar, deixa que o faça. Mas quanto à alma, ela só pode ser verdadeiramente sensata quanto ao medo e ao sofrimento; a ela apenas pertence, de acordo suas diferentes imaginações e opiniões, admitir a eles ou a seus contrários; tu podes, tu mesmo, cuidar para que ela não sofra nada. Não a leves para nenhuma opinião ou persuasão de tal tipo. O entendimento é suficiente de si para si, e não necessita (se ele não levar a si mesmo a necessitar) de nada além de si mesmo, e, por consequência, posto que não precisa de nada, não pode ser perturbado nem impedido por nada, se não se perturbar e se impedir por conta própria.

XIV. O QUE É ΕΫ́ΔΑΙΜΟΝΊΑ[12], OU felicidade, senão ἀγαθὸς δαίμων[13], ou um bom *dáimon*, ou espírito? O que fazes aqui, então, ó opinião? Pelos deuses, eu te esconjuro, que sumas daqui, como mereces fazer: pois

---

[12]Em grego no original, lê-se "eudaimonía". Significa felicidade, como explica o aposto seguinte. (N.T.)

[13]Em grego no original, lê-se "agathós dáimon". Em resumo, significa "espírito", ou "entidade sobrenatural", "manifestação divina não especificada" ou "força divina". Agathós significa "bom". (N.T.)

não tenho necessidade de ti. Tu mereces receber de mim de acordo com teu antigo modo costumeiro. Ocorre que todos os homens foram sujeitos a ti. Porque vieste, então, eu não tenho raiva de ti, apenas vá embora, agora que descobri o que és de fato.

XV. Alguma pessoa é tão tola a ponto de temer a mudança à qual todas as coisas que uma vez foram devem o seu ser? E o que é mais agradável e mais familiar à natureza do universo? Como poderias mesmo usar teus banhos quentes habituais se a madeira que os esquenta não mudasse antes? Como poderias nutrir-te daquelas coisas que comes se elas não mudassem? Como, então, não percebes que para ti também vir a mudar por meio da morte é algo da exata mesma natureza e uma necessidade para a natureza do universo?

XVI. Através da substância do universo, como por uma torrente, todos os corpos particulares passam, sendo todos da mesma natureza, e todos trabalhadores articulados ao próprio universo como em nossos corpos tantos membros entre si. Quantos como Crísipo, quantos como Sócrates, quantos como Epiteto a idade do mundo engoliu e devorou há muito tempo? Deixa que isto, sejam pessoas, sejam negócios, de que tens ocasião de pensar com a finalidade de que teus pensamentos não se distraiam e tua mente não seja depositada seriamente demais sobre algo, a cada momento venha imediatamente à tua mente. De todos os meus pensamentos e cuidados, apenas um deve ser o objetivo: que eu mesmo não faça o que seja contrário à constituição do Homem (seja com relação à coisa em si ou quanto ao tempo de feitura). Chegou o momento em que deves esquecer todas as coisas. E também chegou o tempo em que tu mesmo serás esquecido por todos. Enquanto existires, aplica-te a isto, em especial àquilo que a uma pessoa, posto que é uma barganha, é mais apropriado e agradável, isto é: que uma pessoa ame mesmo aquele que transgride contra ela. E será assim se, logo que algo do tipo acontecer, te lembrares de que são teus semelhantes; que é por ignorância e contra suas vontades que eles pecam; e que dentro de um brevíssimo momento, em seguida, nem tu, nem ele existirão mais. Mas acima de todas as coisas, que ele não fez contra ti nenhum dano; pois, por meio dele, tua mente e entendimento não se tornaram nem piores, nem mais vis do que antes.

XVII. A NATUREZA DO UNIVERSO, DA substância comum de todas as coisas, por assim dizer, de muita cera formaria um cavalo por acaso; então, destruindo uma tal figura, forjaria e transformaria a matéria dela na forma e substância de uma árvore; depois de novo na forma e substância humana; e depois novamente em alguma outra. Agora, cada uma destas subsiste apenas por um momento bem breve. Quanto à dissolução, se não é lamentoso para o peito ou o tronco ser formado, por que seria mais lamentoso o ser desmontado?

XVIII. UM SEMBLANTE IRRITADO É MUITO contrário à natureza, e é, com frequência, o semblante típico daqueles a ponto de morrer. Mas se ocorresse que toda raiva e perturbação emocional fossem tão completamente apagadas em ti que seria impossível em absoluto acendê-las novamente, ainda assim não deverias ficar satisfeito com isso, mas tenta mais, por consequência do raciocínio verdadeiro, perfeitamente conceber e entender que toda raiva e perturbação emocional são contrárias à razão. Porque se não fores ciente de tua inocência; se também sair de ti o conforto da boa consciência de teres feito tudo de acordo com a razão: por qual motivo viverias mais tempo? Todas as coisas que vês agora não são mais do que um instante. De tal forma que a natureza, pela qual todas as coisas do mundo são administradas, logo trará mudança e alteração sobre elas; e, então, fará com suas substâncias outras coisas como elas; e, então, logo em seguida, outras novamente da matéria e substância destas últimas; pois tais são os meios pelos quais o mundo ainda parece fresco e novo.

XIX. EM QUALQUER MOMENTO NO QUAL uma pessoa ofenda outra, considera imediatamente contigo mesmo o que ela suponha ser bom e o que ser mau quando ofendeu. Pois, quando o souberes, terás piedade daquele com quem não terás mais ocasião de sentir surpresa nem raiva. Pois, ou tu mesmo ainda deves viver nesse erro e ignorância, uma vez que supuseste exatamente a mesma coisa que ele, ou alguma outra coisa mundana seja boa; então, estás obrigado a perdoá-lo se ele fez aquilo que tu mesmo farias no caso em questão. Ou, se ocorre que não supões serem boas ou más as mesmas coisas que ele, como podes ser outra coisa que não gentil para com aquele que recai em erro?

XX. NÃO IMAGINES COISAS FUTURAS PARA ti mesmo como se elas estivessem presentes, mas, das coisas presentes, separa algumas das quais tiras mais benefício, e considera em particular quão maravilhosamente as quererias se elas não estivessem presentes. Mas presta atenção, além disso, para que, enquanto queiras acomodar teu contentamento em coisas presentes, não permitas que venhas, com o tempo, a superestimar o valor delas, de forma que o desejo delas (em qualquer momento que se desprenda) se torne para ti transtorno e perturbação. Volta-te para ti mesmo. De tal modo é a natureza de tua parte racional e comandante, que, quando exerce justiça e tem, por tais meios, tranquilidade dentro de si, ela fica totalmente satisfeita consigo mesma sem qualquer outra coisa.

XXI. AFASTA TODA OPINIÃO, RESISTA à força e à violência das luxúrias e das afetações irracionais; circunscreve o tempo presente, examina o que quer que tenha acontecido, seja a ti, seja a outro; divide todos os objetos presentes entre aqueles formais ou materiais, pensa na hora derradeira. Aquilo que teu vizinho cometeu, onde reside a culpa, deixa-a lá. Examina em ordem o que quer que seja dito. Deixa que tua mente penetre tanto os efeitos quanto as causas. Regozija-te com a verdadeira simplicidade e modéstia; e com o fato de que todas as coisas intermediárias entre vício e virtude sejam indiferentes a ti. Finalmente, ama a humanidade, obedece a Deus.

XXII. TODAS AS COISAS (DISSE ELE) são por certa ordem e designação. E se apenas os elementos.

Será o bastante que te lembres de que todas as coisas em geral são por certa ordem e designação; ou se forem senão poucas. E NO QUE CONCERNE A morte, ou a dispersão, ou os átomos, ou a aniquilação, ou a extinção, ou a transferência a seguirá. E no que concerne a dor, de que aquilo que é intolerável logo será findado pela morte; e de que aquilo que dura por longo tempo deve ser tolerado; e de que a mente, no meio-tempo (que é tudo em tudo) ainda pode reter a própria tranquilidade ao parar todo comércio e simpatia com o corpo, seja por meio de obstrução, seja por interceptação. Teu entendimento não se torna pior devido a isso. Quanto àquelas partes que sofrem, deixa que elas, se podem, declarem seu lamento por conta própria. E quanto ao elogio e ao louvor, vê a mente e o entendimento deles, em qual estado estão; de que fogem, e o que buscam; e que, como na costa do mar, o que quer que antes estivesse à vista é logo coberto e escondido por levas contínuas e sucessivas de areia, atiradas umas sobre as outras; assim, nesta vida, todas as coisas são cobertas e escondidas por aquelas que as sucederão imediatamente.

XXIII. DE PLATÃO. "AQUELE, ENTÃO, CUJA mente é dotada de verdadeira magnanimidade, aquele que se acostumou a contemplar tanto todas as eras quanto todas as coisas em geral; pode esta vida mortal (pensas tu) parecer assunto de grande monta para ele? Não é possível que seja, ele respondeu. Então uma pessoa assim não contará a morte como algo lamentoso? De modo algum."

XXIV. De Antístenes. "É algo nobre fazer o bem e ser malfalado por isso. É vergonhoso que a face esteja sujeita a que a mente a ponha na forma que quiser, e seja usada por ela como quiser; e que a mente não preste nenhuma atenção a si mesma, de modo a arrumar-se e a portar-se como lhe seria mais conveniente."

XXV. De vários poetas e cômicos. "Será de pouco proveito para ti voltar tua raiva e tua indignação para as coisas que caíram em teu caminho. Quanto a elas, não sensíveis etc. Tu te tornarás motivo de riso, tanto aos deuses quanto às pessoas etc. Nossa vida é ceifada como uma espiga madura de trigo; uma está em pé, outra caída etc. Mas se ocorrer que eu e meus filhos sejamos negligenciados pelos deuses, há alguma razão até para isso etc. Desde que o justo e a equidade estejam de meu lado etc. Não lamentar com eles, não tremer etc."

XXVI. De Platão. "Minha resposta, cheia de justiça e equidade, seria a seguinte: Teu discurso não está correto, ó pessoa!, se supões que aquele que é de algum valor deveria apreender a vida ou a morte como questão de grande risco e perigo; e que não deveria fazer disto seu único cuidado: examinar se suas próprias ações são justas ou injustas, se são ações de uma pessoa boa ou de uma pessoa perverso etc. Pois, em verdade, é exatamente nisso que reside o caso, ó atenienses. Qualquer que seja o lugar ou a estação que uma pessoa tenha escolhido para si, porque o considera o melhor para si mesmo ou porque, por autoridade legítima, foi posto e acomodado nele, lá, penso (a despeito de toda aparência de perigo), ele deveria continuar, como alguém que não teme nem a morte nem nada mais, tanto quanto ele teme cometer algo vicioso e vergonhoso etc. Mas, ó nobre senhor, considera, eu peço, se a verdadeira generosidade e a verdadeira felicidade não consistem em algo além de preservarmos seja nossa vida, seja a de outras pessoas. Pois não é o papel de uma pessoa que é realmente pessoa desejar viver por longo tempo ou levar muito de sua vida enquanto vive; mas sim (aquele que é assim) desejará nestas coisas dirigir-se totalmente aos deuses, crendo naquilo que qualquer mulher poderia dizer-lhe: que nenhuma pessoa pode escapar à morte; a única coisa na qual ele pensa e da qual cuida é a seguinte: que, ao longo do tempo em que viva, possa viver bem e tão virtuosamente quanto lhe for possível etc. Olhar em volta e, com os olhos, seguir o curso das estrelas e planetas como se fosse correr com eles; e prestar atenção perpetuamente às diversas mudanças de um elemento para outro. Pois tais fantasias e imaginações ajudam a purgar as impurezas e a sujeira desta vida mundana" etc. Também é uma fina passagem de Platão aquela na qual ele fala das coisas mundanas nos seguintes termos: "Tu deves também olhar para baixo como se de um lugar mais elevado, por assim dizer, sobre as coisas deste mundo, tais quais rebanhos, exércitos, trabalhos de lavrador, casamentos, divórcios, gerações, mortes; o tumulto das cortes e locais de magistratura; lugares desertos, as diversas nações dos bárbaros, festivais públicos, funerais, feiras, mercados." Como as coisas sobre a terra estão desordenadas; e quão miraculosamente coisas contrárias umas às outras concorrem para a mesma beleza e perfeição do universo.

XXVII. Olhar para trás, para as coisas de eras passadas, assim como para as mudanças e conversões das inúmeras monarquias e comunidades. Também podemos prever coisas futuras, pois elas serão do mesmo tipo; tampouco é possível que elas deixem o tom, ou interrompam o concerto já iniciado, assim por dizer, por estas coisas que são agora feitas e trazidas ao mundo. Tudo se resume a uma coisa, portanto: se uma pessoa é uma espectadora das coisas desta vida por quarenta anos ou se ela as vê por dez mil anos: o que ele veria de mais? "E aquelas partes que vieram da terra, elas retornarão à terra mais uma vez; e aquelas que vieram do céu, elas também retornarão aos espaços celestiais." Seja por mera dissolução e desconexão dos meandros e dos emaranhados dos átomos confusos; seja por dispersão semelhante dos elementos simples e incorruptíveis... "Com carnes, bebidas e charmes diversos, tentam desviar o canal para que não morram. Ainda assim devemos suportar aquela explosão de vento que vem do alto, mesmo que nunca antes tenhamos sofrido e labutado tanto."

XXVIII. ELE TEM UM CORPO MAIS forte e é melhor lutador do que eu. E daí? Ele é mais generoso? Ele é mais modesto? Ele suporta os acontecimentos adversos com mais equanimidade; ou as ofensas de seu vizinho com mais mansidão e gentileza do que eu?

XXIX. ONDE A QUESTÃO POSSA SER resolvida de acordo com aquela razão comum aos deuses e às pessoas, não pode haver causa de lamento ou de tristeza. Pois onde o fruto e o benefício de uma ação bem iniciada e concluída de acordo com a constituição apropriada do Homem podem ser colhidos e obtidos, ou o são com certeza e segurança, é contra a razão suspeitar que há prejuízo ali. Em todos os lugares, e em todos os tempos, está em teu poder religiosamente abraçar o quer que, por designação de Deus, aconteça contigo; e conversar justamente com os homens com quem tens contato e acuradamente examinar cada fantasia que se apresenta, de tal forma que nada possa se esgueirar e roubá-las antes que apreendas a verdadeira natureza delas.

XXX. NÃO OLHES EM VOLTA PARA as mentes e os entendimentos de outras pessoas; mas olha diretamente e para a frente, para onde te guiar e dirigir a natureza, tanto a do universo, naquilo que acontece contigo, quanto a tua em particular, nas coisas que são feitas por ti. Agora, todos são obrigados a fazer aquilo que é consequente e de acordo com o fim para o qual, por sua verdadeira constituição natural, foi ordenado. Quanto a todas as outras coisas, elas foram ordenadas para o uso de criaturas racionais; pois, em todas as coisas, vemos que aquilo que é pior e inferior foi feito para aquilo que é melhor. Criaturas racionais foram ordenadas umas para as outras. Aquilo, portanto, que é mais importante na constituição de cada pessoa é que ela tenha em mente o bem comum. A segunda coisa mais importante é que não ceda às luxúrias e aos movimentos da carne. Porque é o papel e o privilégio da faculdade intelectiva e racional que ela se atenha a si mesma, de tal modo que nem as faculdades dos sentidos, nem a dos apetites, possam sempre prevalecer sobre ela. Pois ambas são bestiais. Portanto, sobre ambas ela reclamou domínio, e não pode sempre tolerar, se em seu temperamento correto, que ela se sujeite a qualquer uma das duas. E isso ocorre, de fato, com o máximo de justiça. Pois, por natureza, ela foi ordenada a comandar todo o corpo. A terceira coisa própria ao pessoa por sua constituição é evitar toda precipitação e irreflexão; e não se sujeitar ao erro. A estas coisas, deixa que a mente se aplique e siga reto, em frente, sem qualquer distração de outras coisas; assim ela alcança seu fim e, por consequência, sua felicidade.

XXXI. COMO ALGUÉM QUE VIVEU E que, pelo correto, já deveria morrer agora, o que quer que reste, aplica-o completamente como um saldo positivo sobre uma vida virtuosa. Ama e afeta somente aquilo que tenha acontecido e sido, pelos fados, designado a ti. Pois o que pode ser mais racional? E se algo ocorrer a ti pela via da cruz ou da calamidade, lembra-te imediatamente e ponha diante de teus olhos os exemplos de outras pessoas a quem a exata mesma coisa acontece, em algum momento, igualmente. Bem, o que fizeram? Eles se lamentaram; eles questionaram; eles reclamaram. E onde estão agora? Estão mortos e se foram. Queres também ser como algum deles? Ou preferes, deixando às pessoas do mundo (cuja vida, tanto no tocante a eles mesmos quanto àqueles com quem conversam, não é nada além de mutabilidade; ou pessoas de mentes instáveis, com corpos instáveis; sempre mudando e logo mudados eles mesmos), fazer que seja seu único cuidado e estudo como fazer uso justo de tais acidentes. Pois há um bom uso a se fazer deles, e eles se provarão adequados para que trabalhes acerca deles se for tanto teu cuidado quanto desejo que, o que quer que faças, possas gostar de ti e aprovar a ti mesmo por isso. E de ambos, cuida para que te lembres bem, em acordo com o que pode requerer a diversidade da questão da ação que farás. Olha para dentro; dentro está a fonte de todo bem. Uma fonte de tal sorte que as águas nascentes não podem jamais faltar, então cavas ainda mais e mais profundo.

XXXII. Deves te acostumar a manter teu corpo firme e estável; livre de todo movimento ou postura frouxa e flutuante. Quanto à tua face e aparência, tua mente tem facilmente poder de mantê-las para o que é sério e decente; então deixa que ela reclame o mesmo poder sobre o corpo inteiro. Mas observa todas das coisas a este respeito para que sejam livres de qualquer tipo de afetação.

XXXIII. A arte de bem viver neste mundo é mais como a prática do lutador do que a do dançarino. Porque nisso ambos concordam: que se ensine uma pessoa a estar preparado para o que quer que recaia sobre ele, e para que nada o possa derrubar.

XXXIV. Tu deves continuamente ponderar e considerar contigo mesmo qual tipo de pessoa eles são e, por seus entendimentos e mentes, qual o presente estado daqueles cuja boa palavra e testemunho desejas. Pois, então, nem verás motivo para reclamar daqueles que ofendem suas vontades; nem sentir vontade de seu aplauso, se penetrares nas verdadeiras força e base, tanto de suas opiniões quanto de seus desejos. "Nenhuma alma (diz ele) é voluntariamente despojada de verdade", e, por consequência, nem de justiça, de temperança, de gentileza, de brandura; nem de nada que seja do mesmo tipo. É mais urgente que te lembres sempre disso. Pois então serás ainda mais gentil e moderado diante de todas as pessoas.

XXXV. Qualquer dor em que esteja, deixa que isto imediatamente venha à tua mente: que não é algo de se envergonhar nem algo pelo qual teu entendimento, que tem o governo de tudo, possa ser piorado. Porque nem em respeito à sua substância, nem em respeito ao seu fim (que é ter em mente o bem comum) ele não pode ser alterado nem corrompido. Com esta citação de Epicuro também podes, na maior parte das dores, encontrar alguma ajuda: não é "nem intolerável, nem eterno"; então mantém-te dentro dos limites e das fronteiras da razão e não cedas à opinião. Isto também deves considerar: que há muitas coisas que, com frequência, insensivelmente perturbam e irritam a ti, que não estás armado contras elas com a paciência, porque elas não seguem comumente com o nome de dores, apesar de serem da mesma natureza que a dor: estar em torpor inquieto; sofrer com o calor; ter apetite: quando alguma dessas coisas te deixar descontente, verifica a ti mesmo com estas palavras: agora a dor causou-te frustração, tua coragem falhou-te.

XXXVI. Presta atenção para que, a qualquer momento, não sejas tão afetado por pessoas perversas e antinaturais; como pessoas ordinárias o são comumente umas pelas outras.

XXXVII. Como sabemos se Sócrates de fato era tão eminente e de uma disposição tão extraordinária? Porque ele morreu mais gloriosamente, porque ele disputava com os sofistas mais sutilmente; porque ele assistia na geada mais assiduamente; porque, ao ser comandado a trazer o inocente Salamínio, ele se recusou a fazê-lo mais generosamente; nada disso servirá. Nem porque ele andou pelas ruas, com muita seriedade e majestade, como objetavam contra ele seus adversários; coisas das quais uma pessoa pode, a despeito delas, muito bem duvidar se ocorreram de fato ou não; ou qual das acima, se ocorre que são verdade, uma pessoa deveria considerar se são elogiáveis ou não elogiáveis. O que devemos investigar, portanto, é isto: que tipo de alma Sócrates tinha; se sua disposição era tal que, tudo aquilo em que ele se firmava, e que ele buscava neste mundo, era apenas isto: que sempre se portasse de modo justo diante das pessoas e reverente diante dos deuses. Nunca se irritando sem propósito com a perversidade dos outros nem condescendendo com o fato mau ou as más intenções de alguma pessoa, fosse por medo ou por vínculo de amizade. Se das coisas que lhe aconteciam pelo desígnio de Deus, ele nem as questionava quando aconteciam, ou considerava intolerável a provação delas. Finalmente, se ele nunca toleraria que sua mente simpatizasse com os sentidos e afetações do corpo. Pois não devemos pensar que a natureza a misturou e a temperou tanto com o corpo, de tal forma que não poderia circunscrever a si mesma e por si mesma planejar seus fins e ocasiões.

XXXVIII. Pois é algo bem possível que uma pessoa seja uma pessoa divina e, ainda assim, seja totalmente desconhecida. Quanto a isso, deves estar sempre atento, e quanto a isto também: que a felicidade verdadeira de uma pessoa consiste em pouquíssimas coisas. Mesmo que te desesperes, se serás, em algum momento, um bom lógico ou naturalista, ainda assim, não estarás nunca mais longe disso por ser liberal, ou modesto, ou caridoso, ou obediente a Deus.

XXXIX. Livre de toda compulsão, com toda alegria e entusiasmo, podes passar teu tempo, mesmo que gritem contra ti como nunca, e as bestas selvagens puxem até arrancar os pobres membros de tua massa delicada de carne. Pois o que, em ambos os casos ou em casos semelhantes, deve impedir a mente de manter a própria tranquilidade e sossego, que consistem ambas no julgamento justo das coisas que lhe acontecem e no uso imediato de todas as questões e ocasiões presentes? De tal forma que o julgamento dela possa dizer àquilo que lhe ocorreu por via da cruz: isto és de fato, e em acordo com tua verdadeira natureza; a despeito de que devas, no julgamento da opinião, parecer outra coisa; e sua prudência diria ao presente objeto: és aquilo pelo que busquei. Pois o que quer que esteja agora presente, isso deve abraçado por mim como objeto adequado e oportuno, para que tanto faculdade racional quanto minha inclinação sociável ou caridosa trabalhem sobre ele. Aquilo que é mais importante nesta questão é que pode ser dirigido tanto ao louvor a Deus ou ao bem das pessoas. Pois tanto a Deus quanto às pessoas, o que quer que aconteça no mundo tem, no curso comum da natureza, sua própria referência; tampouco há qualquer coisa que, com relação à natureza, seja nova, ou relutante e intratável, mas todas as coisas são tanto habituais quanto fáceis.

XL. UMA PESSOA ALCANÇOU O ESTADO de perfeição nesta vida e conversação quando dispende cada dia como se fosse seu último; nunca ardente nem veemente em suas afeições e, ainda assim, nem tão frio e estúpido como alguém sem sensações; e livre de toda forma de dissimulação.

XLI. PODEM OS DEUSES, QUE SÃO imortais, pela continuidade de tantos anos, tolerar, sem indignação, tantos pecadores quanto já existiram, de fato, não apenas isso, mas também ter tanto cuidado com eles, que nada querem; e tu, tão lamentosamente, assumes a ti mesmo como alguém que não pode tolerá-los; tu que existes por apenas um instante de tempo? E mais; tu que és um dos pecadores, tu mesmo? É uma coisa muito ridícula que alguém deva escusar o vício e a perversidade em si mesmo, o que está em seu poder restringir; e circulasse tentando suprimi-los nos outros, o que é impossível.

XLII. SE NOSSA FACULDADE RACIONAL E sociável encontrasse um objeto que não fornecesse nada para a satisfação da razão ou para a prática da caridade ela dignamente se pensaria indigna.

XLIII. Quando fizeste um bem e outro se beneficiou de tua ação, deves, como uma pessoa muito tola, buscar uma terceira coisa além destas, de modo que fique também aparente aos outros que fizeste um bem ou de modo que possas, a tempo, receber outro bem em retribuição? Ninguém costuma ficar cansado do que é benéfico para si. Mas cada ação de acordo com a natureza é benéfica. Não te canses, portanto, de fazer o que é benéfico para ti, enquanto também o é para outros.

XLIV. A natureza do universo, uma vez, certamente deliberou e assim decidiu, o que quer que tenha feito desde então, a criação do mundo antes que o criasse. Agora, desde aquele tempo, qualquer que seja, aquilo que existe e acontece no mundo não é nada além de consequência daquela primeira deliberação; ou, se assim ocorre que esta parte racional e governante do mundo pensa e cuida de coisas em particular, elas seguramente são suas criaturas mais importantes e racionais, as quais são objeto adequado de seu cuidado e suas providências particulares. O pensamento frequente a esse respeito levará à tua tranquilidade.

Livro Oitavo

I. Isso também, entre outras coisas, pode servir para manter-te longe de vanglória; se considerares que és incapaz de receber o elogio de alguém que, por toda sua vida ou desde a tenra juventude, levou a vida de um filósofo. Porque tanto para os outros quanto para ti, é bem sabido que fizeste muitas coisas contrárias àquela perfeição de vida. Tu te confundiste, portanto, em teu curso, e doravante será difícil para ti recuperar teu título e crédito de filósofo. A isso também teu chamado e profissão são repugnantes. Se, portanto, realmente entendes o que é, de fato, importante, tal qual a tua fama e o teu crédito, não penses nem cuides mais disso; que baste para ti que todo o resto de tua vida, seja mais longa ou mais breve; tu vivas como requer tua natureza ou de acordo com o verdadeiro e natural fim de tua feitura. Esforça-te, portanto, para saber o que tua natureza requer, e não deixes nada mais te distrair. Já tens experiência o suficiente de que, com as muitas coisas em torno das quais já vagaste e perambulaste, não pudeste encontrar felicidade em nenhuma delas. Nem em silogismos, nem em sutilezas lógicas, nem na riqueza, nem na honra e na reputação, nem no prazer. Em nenhuma destas todas. Onde poderá, então, ser encontrada? Na prática dessas coisas que a natureza da pessoa, posto que é pessoa, requeira. Como fará tais coisas, então? Se seus princípios, máximas morais e opiniões (das quais todo movimento e ação procedem) forem corretas e verdadeiras. Quais seriam estes princípios? Aqueles que concernem o que é bom ou mau, posto que não há nada verdadeiramente benéfico e bom à pessoa para além daquilo que a faz justa, temperada, corajosa, generosa; e não há nada verdadeiramente perverso e prejudicial à pessoa, apenas aquilo que causou os efeitos contrários.

II. A CADA AÇÃO QUE FIZERES, propõe-te esta pergunta: como isto, quando estiver concluído, estará de acordo comigo? Terei ocasião de arrepender-me disso? Ainda assim, muito em breve, estarei morto e terei partido desta vida; e todas as coisas se findarão. Pelo que eu me importaria mais do que isto: que minha ação presente, qualquer que seja, esteja satisfatória para alguém racional; cuja finalidade é o bem comum; quem, em todas as coisas, é regido e governado pela mesma lei de correção e razão pela qual se rege Deus Ele Mesmo.

III. ALEXANDRE, CAIO, POMPEU; o que são estes para Diógenes, Heráclito e Sócrates? Estes últimos penetraram na verdadeira natureza das coisas; em todas as causas, em todos os assuntos: e sobre isso eles exerceram sua autoridade e seu poder. Mas quanto àqueles primeiros, tão extenso quanto foi seu erro, por esta extensão desdobrou-se sua servidão.

IV. O QUE ELES FIZERAM, FARÃO de novo, mesmo que te enforques. Primeiro, não permitas que isso te perturbe. Pois todas as coisas, boas e más, acontecem de acordo com a natureza e condição geral do universo; e, dentro de muito pouco, todas as coisas se findarão; nenhuma pessoa será lembrada, como agora já está acontecendo a Africano[14] (por exemplo) e a Augusto. Então, em segundo, fixa tua mente na coisa em si; olha para ela e, lembrando-te de que estás, de qualquer forma, obrigado a ser uma boa pessoa, e de que tua

---

[14]Refere-se a Cipião Africano, general, estadista e político romano da família dos Cipiões. (236 a.C.—183 a.C.). (N.E.)

natureza o requer de ti enquanto és pessoa, não te desvies daquilo que farás, e dize aquilo que te parece ser o mais justo; apenas o dize com gentileza, modéstia e sem hipocrisia.

V. Aquilo de que a natureza do universo se ocupa é transferir para lá o que está aqui; mudá-lo e depois novamente retirá-lo e conduzi-lo para outro lugar. De tal forma que não precisas temer novidade alguma, pois todas as coisas são usuais e comuns; e todas as coisas são dispostas com igualdade.

VI. Cada natureza particular contenta-se quando avança em seu próprio curso adequado. Uma natureza racional avança quando, primeiro, no tocante a fantasias e a imaginações, não permite o que é falso ou incerto. Em segundo, quando, com todos os movimentos e as resoluções, nivela-se pelo bem comum e não deseja mais nada nem foge de nada, mas apenas daquilo que está em seu poder contornar ou evitar. E, finalmente, quando ela, voluntária e alegremente abraça o que quer que lhe é reservado e designado pela natureza comum. Pois é uma parte desta última, assim como a natureza de uma folha é parte da natureza de todas as plantas e árvores. Mas a natureza da folha é parte de uma natureza tanto irracional quanto insensível, e que pode ser impedida em sua finalidade apropriada; ou a qual é servil e submissa; enquanto a natureza da pessoa é parte de uma natureza comum que não pode ser impedida, e que é tanto racional quanto justa. Disso também decorre que, de acordo com o valor de tudo, ela fará distribuição igualitária de todas as coisas, no tocante à duração, à substância, à forma, à operação e a eventos e acidentes. Mas, quanto a isso, não consideres se encontrarás esta igualdade em todas as coisas, por si mesma e de modo absoluto; mas se em todas as manifestações particulares de certa coisa, tomadas em conjunto e comparadas com as manifestações particulares de alguma outra coisa, e elas igualmente juntas.

VII. Não tens tempo nem oportunidade para ler. E daí? Não tens tempo e oportunidade de exercitar-te para que não pratiques erro contigo mesmo; de lutar contra os prazeres carnais e as dores e obter vantagem contra eles; de desprezar a honra e a vanglória; e não só de não te irritar com aqueles que achares insensíveis e ingratos diante de ti, mas mesmo de cuidar deles e de seu bem-estar?

VIII. Evita, doravante, reclamar dos transtornos da vida da corte, seja em público diante de outros, seja em privado para ti mesmo.

IX. O arrependimento é uma autorrepreensão interna pela negligência e pela omissão de algo antes proveitoso. Ora, o que quer que seja bom também é proveitoso, e é papel de alguém honesto e virtuoso ater-se a isso e acertar as contas com isso de maneira adequada. Mas nunca nenhuma pessoa virtuosa se arrependeu da negligência ou omissão de qualquer prazer carnal: nenhum prazer carnal, portanto, é bom nem proveitoso.

X. Isto, o que tem em si mesmo, e por si mesmo, de acordo com sua constituição apropriada? O que é sua substância? Qual é sua matéria, ou uso correto? Qual é a forma ou a causa eficiente? Por que está no mundo, e por quanto tempo permanecerá? Assim deves examinar todas as coisas que se apresentam a ti.

XI. Quando for difícil para ti agitar-te e despertar-te do sono, admoesta-te e lembra-te de que realizar ações que tendam para o bem comum é aquilo que requer tanto tua própria constituição adequada quanto também a natureza humana. Mas dormir é comum às criaturas irracionais também. E o que é mais apropriado e natural, ou melhor, mais gentil e agradável, do que aquilo que está de acordo com a natureza?

XII. Conforme cada fantasia e imaginação apresentem-se a ti, considera (se for possível) sua natureza verdadeira e qualidades próprias, e sua razão contigo.

XIII. Ao primeiro encontro com alguém, dize imediatamente a ti mesmo: Este homem, ou esta mulher, quais são suas opiniões sobre o que é bom e mau? Sobre a dor e o prazer e as causas de ambos; sobre a honra e a desonra, sobre a vida e a morte? E assim e assado. Agora, se não é de surpreender-se que uma pessoa tenha tais e tais opiniões, como pode ser de surpreender-se que faça tais e tais coisas? Lembrar-me-ei, então, de que ele não poderia fazer senão como fez, dado que tem as opiniões que tem. Lembra-te de que é uma vergonha para uma pessoa surpreender-se que uma figueira produza figos, e assim também surpreender-se que o mundo produza o que quer que seja que, no curso comum da natureza, ele possa produzir. E é uma vergonha para um médico e para um piloto que o primeiro surpreenda-se que alguém tenha febre ou que o segundo surpreenda-se que os ventos se mostrem contrários.

XIV. Lembra-te de que mudar tua mente quando convém, e que seguir aquele capaz de retificar-te, é tão engenhoso quanto descobrir de primeira o que é bom e justo, sem ajuda. Pois, de ti, nada é exigido que esteja além da extensão de tua própria deliberação e justo mérito e de teu próprio entendimento.

XV. Se fosse teu ato e estivesse em teu poder, tu o farias? Se não fosse, a quem acusarias, então? Aos átomos ou aos deuses? Pois fazer qualquer um dos dois é agir como louco. Não deves, portanto, culpar ninguém, mas, se estiver em teu poder, corrige o que está errado; se não estiver, qual a finalidade de reclamar? Pois nada deve ser feito senão com certa finalidade.

XVI. O que quer que tenha morrido e caído, de qualquer modo e onde quer que morra e caia, não pode desprender-se do mundo onde tem sua morada e mudança; aqui também terá a dissolução em seus próprios elementos. Os elementos do mundo são os mesmos elementos nos quais consistes. E eles, quando mudam, não murmuram: por que deverias fazê-lo?

XVII. O QUE QUER QUE EXISTA, foi feito para algo: assim como um cavalo, uma vinha. Por que te surpreendes? O próprio sol dirá de si mesmo, eu fui feito para algo; assim também tem cada deus sua própria função. Para que foram feitos, então? Para divertir-te e deleitar-te? Vê como mesmo o bom senso e a razão não podem tolerá-lo.

XVIII. A NATUREZA TEM SUA FINALIDADE tanto no fim e na consumação derradeira de algo que existe quanto em seu começo e sua continuação.

XIX. COMO ALGUÉM QUE ATIRA UMA bola. E em que uma bola é melhor, se seu movimento é para cima; ou pior, se para baixo; ou, se por acaso, cair no chão? Assim também para a bolha; se continuar, como é melhor? Caso se dissolva, como é pior? E assim também é para a vela. E assim deves racionar contigo, tanto em termos de fama quanto em termos de morte. Pois quanto ao corpo em si (o sujeito da morte), saberias a vileza dele? Vira-o para que olhes também o pior lado para cima, ao contrário de quando ele está em sua forma mais comumente agradável; como ele parecerá quando estiver velho e murcho? E quando estiver doente e dolorido? Quando no ato da luxúria e fornicação? E no que se refere à fama: esta vida é curta. Tanto aquele que elogia quanto aquele que recebe o elogio; aquele que lembra e aquele que é lembrado serão em breve poeira e cinzas. Além disso, é apenas neste canto do mundo que és elogiado; ainda assim, neste canto, não tens os elogios conjuntos de todos os homens; nem constantemente o elogio privado de alguma. Mesmo assim, o que é a Terra inteira senão um ponto com relação ao mundo todo?

XX. AQUILO QUE DEVE SER O assunto de tua consideração é, ou a matéria em si, ou o princípio, ou a operação, ou o sentido e o significado verdadeiros.

XXI. Justissimamente estas coisas aconteceram a ti: por que não te corriges? Oh, mas preferirias tornar-te bom amanhã que o ser hoje.

XXII. Devo fazê-lo? Farei, para que a finalidade de minha ação seja fazer bem às pessoas. Algo ocorreu contigo por via da cruz ou da adversidade? Aceita-o em deferência aos deuses e à sua providência; a fonte de todas as coisas, da qual depende e procede o que quer que venha a ser.

XXIII. Por uma ação julga o restante: este banho que usualmente toma tanto de nosso tempo, o que é? Óleo, suor, sujeira; ou as secreções do corpo: uma viscosidade excrementosa, os dejetos do óleo e outros unguentos usados pelo corpo e misturados às secreções do corpo: todas vis e desprezíveis. E assim é quase toda parte de nossa vida; e cada objeto mundano.

XXIV. Lucila enterrou a Vero; então a própria Lucila foi enterrada por outros. Assim Secunda, a Máximo; então a própria Secunda foi enterrada por outros. Assim Epitincano, a Diotimo; então o próprio Epitincano também. Assim Antonino Pio, à sua esposa; então o próprio Antonino. Este é o curso do mundo. Primeiro Adriano, a Céler; então o próprio Adriano. E aqueles austeros; aqueles que previram as mortes de outras pessoas; aqueles que eram tão orgulhosos e pomposos, onde estão agora? Aos austeros, me refiro àqueles como Cárax e Demétrio, o platônico, e Eudêmon, e outros como eles. Existiram por apenas um dia; todos estão mortos e se foram há um longo tempo. Alguns deles, assim que morreram, foram esquecidos. Outros logo se tornaram lendas. De outros, mesmo aquilo que era lendário agora foi esquecido há um longo tempo. Lembra-te, portanto, disto: aquilo de que és composto logo se dispersará, e tua vida e teu sopro ou tua alma não existirão mais ou serão transferidos e designados para algum lugar e ponto.

XXV. A VERDADEIRA ALEGRIA DE UMA pessoa é fazer aquilo que pertence propriamente a uma pessoa. Aquilo que é mais próprio a uma pessoa é, primeiro, portar-se gentilmente ante aqueles da mesma espécie e natureza que ela; desprezar todos os movimentos e apetites sensuais; discernir corretamente todas as fantasias e imaginações plausíveis; contemplar a natureza do universo; tanto a ela quanto àquilo que é feito nela. Neste tipo de contemplação, três relações diversas devem ser observadas. A primeira, ligada à causa secundária aparente. A segunda, ligada à causa original, Deus, de quem procede originalmente tudo que acontece no mundo. A terceira, e última, ligada àqueles com quem vivemos e conversamos: que uso se possa fazer dela em benefício e em vantagem deles.

XXVI. SE A DOR É UM mal, ou ela o é em relação ao corpo (e isso não pode ser, porque o corpo é, por si mesmo, razoável), ou em relação à alma. Mas está em poder da alma preservar a própria paz e tranquilidade e não supor que a dor é má. Pois todo julgamento e deliberação; todo prosseguimento ou aversão vêm de dentro, para onde o sentido do mal não pode penetrar (a menos que lhe seja permitido entrar pela opinião).

XXVII. AFASTA TODA FANTASIA INÚTIL E dize a ti mesmo incessantemente: Agora, se eu quiser, está em meu poder manter fora de minha alma toda a perversidade, toda a luxúria e toda a concupiscência, todo o transtorno e a confusão. Mas, ao contrário, encarar e considerar todas as coisas de acordo com sua verdadeira natureza, e portar-me diante de tudo de acordo com seu verdadeiro valor. Lembra-te, então, deste teu poder que a natureza te concedeu.

XXVIII. SE FALAS AO SENADO OU se falas a um particular, que teu discurso seja sempre sério e modesto. Mas não deves observar aberta e vulgarmente aquele som e exata forma de falar concernente àquilo que é bom e realmente civil; a vaidade do mundo e dos mundanos; o qual, de outra forma, a verdade e a razão prescrevem.

XXIX. AUGUSTO, SUA CORTE, SUA ESPOSA, sua filha, seus sobrinhos, seus genros, sua irmã Agripa, seus parentes, seus servos domésticos, seus amigos Areu e Mecenas, seus matadores de animais para sacrifício e divinação; aí tens a morte de toda uma corte conjuntamente. Procede agora para o resto que existiu desde Augusto. A morte lidou com eles, mesmo que tenham sido tantos e tenham vivido tão pomposamente, de outro modo com o qual lidou com qualquer outra pessoa particular? Considera agora a morte de aparentados e de família, como a dos Pompeus, e também aquilo que se costumava escrever sobre monumentos, ELE FOI O ÚLTIMO DE SUA FAMÍLIA. Oh, que cuidado seus predecessores tiveram para que deixassem um sucessor; ainda assim, olha, por último, que um ou outro deve, por necessidade, ser O ÚLTIMO. Aqui, agora, portanto, considera a morte de todo um grupo de aparentados.

XXX. CONTRAI TODA A TUA VIDA para a medida e a proporção de uma única ação. E, se em cada ação particular realizares o que é adequado para o máximo de teu poder, que seja o bastante para ti. Quem pode impedir-te de realizar o que é adequado? Mas pode ser que haja algum impedimento e obstáculo externos. Não um que possa impedir-te, mas o que quer que fizeres, podes fazê-lo com justiça, temperança e com louvor a Deus. De fato, mas pode haver algo pelo qual alguma operação ou outra dentre as tuas seja impedida. Então, com essa exata coisa que te impede, podes muito bem ficar satisfeito e, assim, por esta gentil e equânime conversão de tua mente para aquilo que pode ser, em vez daquilo para o que pretendias inicialmente, no vazio deixado pela ação anterior sucederá outra, que está de acordo com esta contração de tua vida, da qual falamos agora.

XXXI. Recebe bênçãos temporárias sem ostentação quando elas te forem enviadas e serás capaz de separar-te delas com toda prontidão e facilidade quando forem tiradas de ti.

XXXII. Se alguma vez viste uma mão, ou pé, ou cabeça caída sozinha em algum lugar ou outro, como se tivesse sido cortada do restante do corpo, assim deves conceber aquele que se deixa, no que está em seu poder, ou ficar ofendido por algo que aconteceu (o que quer que seja) e está, por assim dizer, dividido de si mesmo; ou aquele comete algo contra a lei natural da correspondência e da sociedade entre os homens; ou aquele que comete um ato de falta de caridade. Quem quer que sejas, tu, que ages assim, estás expulso, eu sei, da unidade geral que está de acordo com a natureza. Tu nasceste, é claro, uma parte, mas agora te cortaste do todo. Contudo, aqui há alegria e exultação: que possas se unir novamente. Deus não concedeu a nenhuma outra parte que, uma vez separada e cortada, ela pudesse se reunir e juntar novamente. Mas vê que bondade tão grande e imensa, que estimou tanto a pessoa. Em primeiro lugar, ele foi feito de tal forma que não necessitaria, a menos que quisesse por conta própria, se dividir do todo; então, uma vez dividido e cortado, ela concedeu e ordenou que, se ele quisesse, poderia voltar, e crescer conjuntamente mais uma vez, e ser admitido em sua antiga posição e posto como a parte que ele era antes.

XXXIII. Assim como quase todas as suas outras faculdades e propriedades, a natureza do universo concedeu a cada criatura racional, e isso, em particular, recebemos dela, que o que quer que se lhe oponha e lhe resista em seus propósitos e intenções, ela, ainda que contra sua vontade e intenção, o traga para si para servir-se dele na execução de seus próprios fins determinados; e assim, por meio dessa cooperação não intencional com ela, faz dele parte de si, quer ele queira ou não. Assim também toda criatura racional pode usar aquilo que cruza e obstaculiza o que quer que encontra no curso desta vida mortal como objetos apropriados e adequados para o avanço do que quer que planeja e propõe a si mesma como finalidade natural e felicidade.

XXXIV. Que a representação geral da miséria desta nossa vida mortal não te perturbes. Que tua mente não divague para cima e para baixo e não empilhe em seus pensamentos os muitos transtornos e calamidades lamentosas a que estás sujeito assim como qualquer outro. Mas como tudo em particular ocorre, faze esta pergunta a ti mesmo, e dize: O que neste caso presente parece para ti tão intolerável? Pois terás vergonha de confessá-lo. Nisto, imediatamente te lembres de que nem o que é futuro, nem o que é passado pode ferir-te; mas só o que é presente. (E mesmo isso é muito reduzido, se o circunscreveres com leveza) e então verifica com tua mente se por um momento (um mero instante) ela não pode suportar com paciência.

XXXV. O quê? Panteia ou Pérgamo estão, até hoje, morando na tumba de seus mestres? Cábrias e Diótimo na de Adriano? Que tolice! Pois, se o fizessem, seus mestres os perceberiam? E se percebessem, ficariam felizes com isso? E se felizes, seriam imortais? Não foi designado a eles também (tanto homens quanto mulheres) envelhecer com o tempo e então morrer? E, uma vez mortos, o que seria dos anteriores? Quando tudo está acabado, para que é tudo isso, senão para um mero saco de sangue e corrupção?

XXXVI. Se fores ágil no olhar, que o sejas no que toca ao julgamento e maior prudência, ele disse.

XXXVII. Em toda a constituição do Homem, não vejo nenhuma virtude contrária à justiça pela qual ela possa ser resistida e oposta. Mas vejo uma pela qual o prazer e a voluptuosidade possam ser resistidos e opostos: continência.

XXXVIII. Se puderes, contudo, afastar-te do conceito e opinião concernentes àquilo que pareça prejudicial e ofensivo, tu mesmo estás a salvo, tão a salvo quanto possível. Tu mesmo? Quem é esse? Tua razão. "De fato, não sou minha razão." Bem, que seja. Contudo, não permitas que tua razão ou teu entendimento admitam aflição, e se houver algo em ti que está afligido, deixa (o que quer que seja) que conceba sua própria aflição, se puder.

XXXIX. Aquilo que é impedimento dos sentidos é um mal à natureza sensitiva. Aquilo que é um impedimento da faculdade apetitiva e promotora é um mal à natureza sensitiva. O que quer que seja um impedimento da constituição sensitiva, e também da constituição vegetativa, também é, neste respeito, um mal para elas. E assim, igualmente, o que quer que seja um impedimento para tua mente e teu entendimento, deve ser, por necessidade, o mal próprio da natureza racional. Agora, aplica todas estas coisas a ti mesmo. A dor ou o prazer te agarram? Deixa que os sentidos cuidem disso. Encontraste um obstáculo em teu propósito e intenção? Se não te propuseste sem a devida reserva e exceção, agora, de fato, tua parte racional sofreu um golpe. Mas se, em geral, tu te propuseste o que quer que possa ser, tu não serás ferido por isso nem propriamente impedido. Pois naquilo que propriamente pertence à mente, ela não pode ser impedida por nenhuma pessoa. Não há fogo, nem ferro; nem o poder de um tirano, nem o poder da língua caluniosa, nem nada mais que possa penetrá-la.

XL. Uma vez redondo e sólido, não há medo de que mudará.

XLI. Por que eu deveria lamentar por mim mesmo, eu que nunca lamentei voluntariamente por ninguém mais! Uma coisa alegra uma coisa e outra coisa alegra outra. Quanto a mim, esta é minha felicidade: se meu entendimento está correto e são, e nunca averso a nenhuma pessoa, nem àquelas coisas a que eu, como pessoa, estou sujeito; se posso olhar para todas as coisas do mundo com mansidão e gentileza; aceitar todas as coisas e portar-me diante de tudo de acordo seu o valor verdadeiro da coisa em si.

XLII. Este tempo que é agora presente, concede-o a ti mesmo. Aqueles que preferem caçar a fama após a morte não consideram que aqueles que virão depois serão iguais a estes a quem eles mal conseguem suportar. Além disso, também serão mortais. Mas considera a coisa em si, se tantos, com tantas vozes, farão tais e tais barulhos ou terão tais e tais opiniões a respeito de ti, que diferença te faz?

XLIII. Toma-me e atira-me onde quiseres: sou indiferente. Porque lá também terei esse espírito propício dentro de mim; que está bem satisfeito e inteiramente contente tanto com a disposição constante quanto com as ações particulares, as quais são adequadas e harmônicas com sua própria constituição.

XLIV. Isto é realmente, então, algo de tal valor que minha alma deva sofrer e tornar-se pior do que antes? Seja vilmente abatida, seja desordenadamente afetada, seja confundida dentro de si, seja aterrorizada? O que pode ser que devas estimar tanto?

XLV. Nada pode acontecer a ti que não seja incidente a ti, posto que és humano. Assim como nada pode acontecer a um boi, a uma vinha ou a uma pedra que não lhes seja incidente; e a cada qual em seu tipo. Se nada pode acontecer a ti que não seja tanto usual quanto natural, por que estás aborrecido? Por certo a natureza comum de tudo não traria nada a alguém que fosse intolerável. Se, portanto, é uma coisa externa que causa tua aflição, sabe que não é ela que propriamente a causa, mas teu próprio conceito e opinião a respeito da coisa, dos quais podes te livrar, se quiseres. Mas se for algo que esteja errado em tua própria disposição que te aflige, que não possas retificar teus princípios morais e opiniões. Mas se te aflige que não realizas o que te parece justo e correto, por que não preferes escolher, então, realizá-lo em vez de afligir-te? Mas algo que é mais forte do que tu impede-te. Não te aflijas, então, se não é por tua culpa que a coisa não se realiza. "De fato, mas é algo de tal natureza que tua vida não vale mais a pena, a menos que tal coisa seja feita." Se assim for, sob condição de que sejas gentil e amável diante de todos, podes ir-te. Pois mesmo então, assim como em qualquer tempo, estás num bom estado de realização quando morres na caridade com aqueles que são um obstáculo para tua realização.

XLVI. LEMBRA-TE DE QUE TUA MENTE é de tal natureza que se torna totalmente imbatível quando, uma vez recolhida em si mesma, não busca outro contentamento além deste, que ela não possa ser forçada; de fato, ainda que aconteça até de ser contra a própria razão, que ela se dê conta. Quão menos ela, com a ajuda da razão, é capaz de julgar as coisas com discrição? Portanto, deixa que teu forte principal e local de defesa seja uma mente livre de perturbações emocionais. Um lugar mais forte (onde se faça seu refúgio de modo a se tornar impenetrável) e mais bem fortificado do que este, nenhuma pessoa o tem. Aquele que não vê isso é ignorante. É infeliz aquele que o vê e não se dirige a tal lugar de refúgio.

XLVII. GUARDA A TI MESMO DAS primeiras apreensões nuas e desnudas das coisas como elas se apresentam a ti e não acrescentes nada a elas. Foi informado a ti que certo alguém falou mal de ti. Bem, ele falou mal de ti, e só isso foi informado. Mas que te ofendas com isso, isto não foi reportado. Esse é o acréscimo de tua opinião, que deves excluir. Vejo que meu filho está doente. Que ele está doente, eu vejo, mas que ele também está em risco de vida, isso não vejo. Assim deves acostumar-te a guardar-te dos primeiros movimentos e apreensões das coisas conforme elas se apresentam a ti externamente e não acrescentes a ela de dentro de ti por meio de mero conceito e opinião. Ou melhor, adiciona a elas: mas como alguém que entendeu a natureza de todas as coisas que acontecem no mundo.

XLVIII. O PEPINO ESTÁ AMARGO? JOGA fora. Espinheiros estão no caminho? Evita-os. Que isto baste. Não adiciones nada dizendo a ti mesmo: Para que servem estas coisas no mundo? Pois alguém familiarizado com os mistérios da natureza rirá de ti por isso, como um carpinteiro o faria ou um sapateiro se, encontrando em suas lojas algumas raspas ou pequenos restos de seu trabalho, tu os culpaste por isso. Ainda assim, não é pela falta de um lugar onde atirá-los que esses homens os mantêm em suas lojas por um tempo; porém, a natureza do universo não tem um tal lugar externo; mas aqui consiste a maravilha de sua técnica e habilidade, que ela, tendo uma vez circunscrito a si mesma dentro de certas fronteiras e limites, o que quer que esteja dentro dela que pareça estar corrompido, ou velho, ou inútil, ela pode transformá-lo nela mesma, e, dessas mesmas coisas, fazer outras novas; de tal forma que ela não precisa buscar em outro lugar, fora dela mesma, um novo suprimento de matéria e de substância ou buscar um lugar onde descartar o que está irrecuperavelmente pútrido e corrupto. Assim, ela, quanto a espaço e também quanto a matéria e técnica, é, ela mesma, suficiente para si.

XLIX. NÃO SER INDOLENTE NEM NEGLIGENTE; nem frouxo e arbitrário em tuas ações; nem contencioso e inconveniente em tua conversação; nem vagar e perambular em tuas fantasias e imaginações. Não contrair tua alma vilmente, nem sair tempestuosamente com ela, nem furiosamente lançar-se, por assim dizer, a não querer nunca emprego.

L. "ELES ME MATAM, CORTAM MINHA carne; perseguem minha pessoa com maldições." E daí? Tua alma não pode, por causa de tudo isso, continuar pura, prudente, temperada e justa? Assim como uma fonte de água doce e clara, mesmo que amaldiçoada por algum passante, suas nascentes, apesar disso, continuam a correr tão doces e claras como antes; de fato, mesmo que se atire sujeira e esterco nela, ainda assim, tão logo são atirados se dispersam de imediato e ela está limpa. Ela não pode ser manchada nem infectada por isso. O que devo fazer, então, para que tenha dentro de mim uma fonte transbordante, e não um poço? Produza-te, tu mesmo, por meio de dores e tentativas contínuas para a liberdade com caridade e verdadeira simplicidade e modéstia.

LI. AQUELE QUE NÃO SABE O que é o mundo não sabe onde ele próprio está. E aquele que não sabe para que o mundo foi feito não pode saber tampouco quais são as qualidades ou o que é a natureza do mundo. Agora, aquele que recai em qualquer uma dessas condições deve esforçar-se por saber, pois é ignorante também daquilo de que ele mesmo é feito. O que, então, pensas de uma pessoa que propõe a si mesmo como algo de grande monta o ruído e o aplauso de homens que são tanto ignorantes de onde estão e do que são elas próprias? Queres, de fato, ser elogiado por uma pessoa que, talvez por três vezes em uma hora, amaldiçoe a si mesmo? Queres, de fato, agradar àquele que não agrada a si? Ou pensas, de fato, que ele se agrada, posto que se arrepende de quase tudo o que faz?

LII. NÃO APENAS, DORAVANTE, TER UM sopro comum ou ter correspondência de sopro com o ar que nos rodeia; mas ter uma mente comum ou ter uma correspondência de mente também com aquela substância racional que rodeia todas as coisas. Pois ela também está por si mesma, e de sua própria natureza (se uma pessoa pudesse arrastá-la para dentro, como deveria) difusa por todos os lugares; e passa por todas as coisas, não menos do que o ar, se uma pessoa a inspirar.

LIII. A PERVERSIDADE EM GERAL NÃO prejudica o mundo. A perversidade particular não prejudica nenhum outro: ela é apenas prejudicial a alguém que ofenda; a este, com grande favor e misericórdia, é dado que, em qualquer momento que queira, antes de tudo, ele pode imediatamente livrar-se disso. Para o meu livre-arbítrio, o livre-arbítrio de meu próximo, quem quer que seja (por sua vida ou por seu presságio), é totalmente indiferente. Pois ainda que sejamos feitos uns para os outros, ainda assim nossas mentes e nossos entendimentos têm, cada um deles, sua jurisdição própria e limitada. Pois, do contrário, a perversidade de outra pessoa poderia ser meu mal, o que Deus não permitiria; que não esteja no poder de outro o fazer-me infeliz: o que nada pode fazer senão minha própria perversidade.

LIV. O SOL PARECE DERRAMAR-SE AMPLAMENTE. E de fato é difuso, e não infuso. Pois sua difusão é uma τάσις[15] ou extensão. Por isso seus raios são chamados de ἀκτῖνες[16], da palavra ἐκτείνεσθαι[17], ser estirado e estendido. Agora, o que é um raio de sol, podes saber se observares a luz do sol quando penetra, através de um buraco estreito, em uma sala escura. É sempre uma linha direta. E é dividido e interrompido por qualquer corpo sólido que encontra no caminho e não penetrável por ar; ainda assim, nenhum deles cai ou desfaz-se, mas permanece lá, apesar disso; tal deve ser a difusão na mente; não uma efusão, mas uma extensão. Quaisquer obstáculos e impedimentos que encontre em seu caminho, ela não deve, de modo violento, e por meio de um ataque impetuoso, lançar luz sobre eles; tampouco deve cair, mas, sim, persistir e lançar luz sobre aquilo que a admita. E quanto àquilo que não admita, é seu próprio erro e prejuízo se priva-se da luz dela.

LV. AQUELE QUE TEME A MORTE, ou teme que o fato de que não terá sensação alguma, ou que suas sensações não serão as mesmas. Na verdade, ele deveria confortar a si mesmo, que não sentirá nada, e,

---

[15] Em grego no original, lê-se "tásis". Significa, como indica o aposto, extensão. (N.T.)

[16] Em grego no original, lê-se "aktínes". Significa "raio", como em "raio do sol". (N.T.)

[17] Em grego no original, lê-se "ekteinesthai". É um infinitivo passivo que significa "ser estendido". (N.T.)

então, nenhuma sensação do mal; ou, se alguma sensação, então outra vida, e não a morte, exatamente.

LVI. Todas as pessoas são feitas umas para as outras: ou ensina-as a ser melhor ou tolera-as.

LVII. O movimento da mente não é o movimento de um dardo. Pois a mente, quando está desconfiada e cautelosa, e por meio de circunspecção diligente, volta-se a várias direções; pode-se dizer que foi diretamente ao objeto, como costumava fazer sem tal circunspecção.

LVIII. Perfurar e penetrar o estado do entendimento de cada um com quem tens a ver: assim como fazer o estado do teu entendimento aberto e penetrável por qualquer outro.

Livro Nono

I. Aquele que é injusto é também ímpio. Pois a natureza do universo, tendo feito todas as criaturas racionais umas para as outras, com a finalidade de que façam o bem umas às outras; mais ou menos de acordo com as diversas pessoas e ocasiões, mas de modo algum para que prejudiquem umas às outras; é manifesto que aquele que transgrida essa vontade dela é culpado de impiedade contra a mais antiga e venerável de todas as deidades. Pois a natureza do universo é a natureza progenitora comum a todos e, portanto, deve ser piamente observado por todas as coisas existentes; e o que existe agora tem relação de sangue e parentesco com o que quer que tenha existido antes e concedeu-lhe o seu ser. Ela também é chamada de verdade e é a primeira causa de todas as verdades. Portanto, aquele que mente voluntária e deliberadamente é ímpio porque admite e comete injustiça. Mas aquele que o faz contra a vontade, porque está em desacordo com a natureza do universo e porque, estando em conflito com a natureza do mundo, ele, em seu particular, viola a ordem geral do mundo. Pois ele não faria coisa melhor do que lutar e guerrear contra aquilo que, contrário à sua própria natureza, aplica-se ao que é contrário à verdade. Porque a natureza equipou-o com instintos e oportunidades suficientes para alcançá-lo; os quais, tendo negligenciado até aqui, não é capaz de discernir o falso do verdadeiro.

Aquele que também busca prazeres como aquilo que seja realmente bom e foge das dores, como aquilo que seja realmente mal: é ímpio. Pois uma tal pessoa deve, por necessidade, frequentemente acusar a natureza comum de distribuir muitas coisas, tanto para os maus quanto para os bons, não de acordo com os méritos de cada, mas, frequentemente, prazeres para o mau, e a causa de prazeres; assim também ao bom, dores, e as ocasiões de dores. De novo, aquele que teme dores e calvários neste mundo, teme algumas das coisas que, vez ou outra, devem ocorrer no mundo. Isto já mostramos ser impiedade. Aquele que busca prazeres não se privará, para cercar seus desejos, de fazer o que é injusto e manifestadamente ímpio. Agora aquelas coisas que são para a natureza igualmente indiferentes (pois ela não teria criado ambos, tanto a dor quanto o prazer, se ambos não fossem igualmente indiferentes para ela); aqueles que vivem de acordo com a natureza devem (enquanto o são de sua mesma mente e disposição) ser igualmente indiferentes. Quem quer que em matéria de prazer e de dor; de morte e de vida; de honra e de desonra (coisas das quais a natureza, na administração do mundo, faz uso indiferentemente) não é indiferente, fica aparente que é ímpio. Quando digo que a natureza comum faz indiferentemente uso deles, quero dizer que acontecem indiferentemente no curso comum das coisas, o que, por uma consequência necessária, seja principal, seja acessória, vem a acontecer no mundo de acordo com aquela primeira e antiga deliberação da Providência, pela qual ela, a partir de certo começo, decidiu a criação de um mundo como este, concebendo-o em seu útero, assim por dizer, com certas sementes gerativas e racionais e faculdades das coisas futuras, sejam sujeitos, mudanças, sucessões; tanto isso quanto aquilo, e apenas tantos.

II. Seria de fato mais feliz e confortável para uma pessoa partir deste mundo tendo vivido toda a sua vida livre de toda falsidade, dissimulação, voluptuosidade e orgulho. Porém, se isso não pode se dar, ainda assim é certo conforto para uma pessoa alegremente partir como cansada e sem amor por essas coisas, em vez de desejar viver e continuar por um longo tempo nestes cursos perversos. A experiência ainda não te ensinou a fugir da praga? Pois uma praga ainda maior é a corrupção da mente, em comparação ao que pode ser determinada mudança e destempero do ar comum. Esta é uma praga de criaturas, enquanto são criaturas viventes; mas aquela é dos Homens, enquanto são humanos ou racionais.

III. Não deves portar-te desdenhosamente em matéria de morte, mas como alguém que está bem satisfeito com ela, como sendo uma das coisas que a natureza designou. Pois o que concebes do seguinte: de um menino tornar-se um jovem adulto, de envelhecer, de crescer, de amadurecer, de criar dentes, ou barba, ou gerar cabelos brancos, dar à luz ou nascer; ou qualquer outra ação, qualquer que seja, que é natural à pessoa de acordo com as diversas estações de sua vida, assim também é o dissolver-se. É, portanto, o papel de uma pessoa sábia, em termos de morte, não é sábio de modo algum o portar-se com violência ou com orgulho, e sim com paciência, esperar por ela como uma das operações da natureza; de tal forma que, com a mesma mente que agora esperas o momento e que aquilo que é apenas um embrião na barriga de tua mulher venha a nascer, também possas esperar o momento em que tua alma deve desprender-se deste casaco ou pele externa; no qual está como uma criança na barriga jaz envolvida e fechada. Porém, se desejas uma receita mais popular, ainda que não tão direta e filosófica, mas, mesmo assim, poderosa e penetrante contra o medo da morte, nada pode fazê-los mais desejosos de apartarem-se da vida do que considerares tanto de quais assuntos próprios deves apartar-te quanto com qual tipo de disposição não deverás mais ter a ver. A verdade é que, ofendido com eles não deves estar em absoluto, mas cuidar deles, e tolerá-los com mansidão. Contudo, disto podes lembrar-te, de que, em qualquer momento que aconteças de partir, não será de pessoas que tinham as mesmas opiniões que o fazes. Pois isso, de fato (se fosse assim), é a única coisa que poderia fazer-te avesso à morte e desejoso de continuar aqui, se fosse tua sorte viver com pessoas que tivessem obtido a mesma crença que tu. Mas agora, que tormento é para ti viver com pessoas de diferentes opiniões, tu vês. De tal forma que preferirias dizer: Apressa-te, peço a ti, ó Morte; para que, com o tempo, eu também não me esqueça.

IV. Aquele que pecou, pecou contra si mesmo. Aquele que é injusto, prejudica a si mesmo porque torna a si mesmo pior do que era antes. Não só aquele que comete, mas também aquele que omite algo é frequentemente injusto.

V. Se minha apreensão presente do objeto estiver correta e minha ação presente for caridosa, e se, diante do que quer que proceda de Deus, for minha disposição presente estar satisfeito com ele, isso bastará.

VI. Afastar a fantasia, usar a deliberação, apagar a concupiscência, manter a mente livre para si mesma.

VII. De todas as criaturas irracionais, há apenas uma alma irracional; e de todas que são racionais, apenas uma alma racional, dividida entre todas. Quanto a todas as coisas terrenas, há apenas uma terra, e apenas uma luz que vemos, e apenas um ar que respiramos, independentemente de quantos respirem ou vejam. Agora, o que quer que participa de uma mesma coisa comum, naturalmente afeta-se e inclina-se para aquilo de que é parte, sendo com ele de uma mesma espécie e natureza. O que quer que seja terroso faz pressão para baixo, em direção à terra comum. O que quer que seja líquido flui conjuntamente. E o que quer que seja airoso também o fará. Então, sem algum obstáculo ou sem algum tipo de violência, não podem ser mantidos separados. O que quer que seja ígneo, não apenas em razão do fogo elementar, tende para cima; mas aqui também está pronto para unir-se e queimar em conjunto, de tal forma que, qualquer coisa que careça de umidade o suficiente para resistir, facilmente será posta em chamas. Portanto, o que quer que seja partícipe daquela natureza comum e racional agirá do mesmo modo e por mais tempo como sua própria espécie. Pois por quanto mais em sua própria natureza ele se sobressair tanto mais será desejoso de juntar-se e unir-se àquilo que é de sua própria natureza. Quanto a criaturas irracionais, mal elas passem a existir, imediatamente iniciam enxames, rebanhos e ninhadas de filhotes e um tipo de amor e afeição mútuas. Pois, apesar de apenas irracionais, ainda assim elas têm um tipo de alma, e, portanto, nelas, como em criaturas de natureza mais excelente, aquele desejo de união é mais forte e intenso do que em plantas, pedras ou árvores. Mas entre criaturas racionais iniciaram-se comunidades, amizades, famílias, reuniões públicas, e mesmo em suas guerras, convenções e tréguas. Agora, entre aqueles que são de uma natureza ainda mais excelente, como estrelas e planetas, ainda que, por sua natureza, mais distantes uns dos outros, mesmo entre eles iniciou-se alguma correspondência e unidade mútua. Tão próprio é à excelência em alto grau afetar unidade, de tal forma que mesmo em coisas tão distantes, ela pode operar em simpatia mútua. Mas, ora, vê o que se passa agora. Aquelas criaturas racionais agora são as únicas criaturas que se esqueceram de sua afetação e inclinação natural umas para as outras. Entre elas apenas, de todas as outras coisas que são de um mesmo tipo, não se encontra uma disposição geral de fluir conjuntamente. Mas, mesmo que fujam da natureza, ainda assim são paradas em seu curso e apreendidas. Façam o que puderem, a natureza prevalecerá. E assim confessarás, se o observares. Pois encontrarás algo que seja da terra onde nada da terra haja antes de encontrares uma pessoa que possa naturalmente viver sozinha.

VIII. Pessoa, Deus, o mundo, cada um em seu tipo produz frutos. Todos têm seu tempo apropriado de produzir. Mesmo que, por costume, a própria palavra tenha, de certo modo, se tornado apropriada para a vinha e semelhantes, ainda assim é, apesar disso, como dissemos. Quanto à razão, ela produz tanto um fruto comum para o uso de outros; e um peculiar, do qual ela mesmo aproveita. A razão é de uma natureza difusiva, aquilo que ela mesma é por si própria, ela o gera nos outros, e assim multiplica.

IX. Ou ensina-os a ser melhores se está em teu poder; ou, se não estiver, lembra-te de que foi para este uso, para tolerá-los com paciência, que a brandura e a bondade foram concedidas a ti. Os próprios deuses são bons para aqueles que, de fato, em algumas coisas (como no tocante à saúde, à riqueza, à honra), estão frequentemente satisfeitos de fazer avançar suas tentativas; tão bons e graciosos são. E não poderias sê-lo também tu? Ou, dize-me, o que te impede?

X. Não labutes como alguém a quem foi designado o ser miserável nem como alguém de quem se teria pena ou admiração; mas deixa que este seja teu único cuidado e desejo: prosseguir e suportar sempre e em todas as coisas assim como a lei da caridade ou da sociedade mútua requeira.

XI. Neste dia realmente saí de meus tormentos. Ou melhor, expulsei meus tormentos; aquilo que te atormenta, o que quer que seja, não estava externamente em algum lugar de onde saíste, mas dentro de tuas próprias opiniões, de onde devem ser expulsos antes que possas estar verdadeira e constantemente tranquilo.

XII. Todas as coisas, no tocante à experiência, são usuais e ordinárias; no que toca à sua continuidade, duram apenas um dia; e quanto à sua matéria, é a mais vil e imunda. Assim como elas eram nos dias daqueles a quem enterramos, assim elas são agora, e não de outra forma.

XIII. As próprias coisas que nos afetam não têm portas, não sabendo nada de si mesmas nem sendo capazes de expressar nada aos outros no que concerne a si mesmas. O que é, então, que faz veredito delas? O entendimento.

XIV. Como a virtude e a perversidade não consistem em perturbação emocional; assim também o bem e o mal de uma pessoa racional e caridosa não consiste em perturbação emocional, mas em operação e ação.

XV. Para a pedra que é lançada para cima, não há dano quando ela cai; assim como nenhum benefício quando sobe.

XVI. Peneira a mente e o entendimento deles e vê que homens são, em relação aos quais tens medo de que julgarão de ti aquilo que julgam de si mesmos.

XVII. Todas as coisas no mundo estão sempre em estado de alteração. Tu estás também em mudança perpétua, e mais, em corrupção também, em alguma medida; e assim é com o mundo todo.

XVIII. Não é teu pecado, mas o de outro pessoa. Por que deveria perturbar-te? Deixa que cuide de seu pecado quem o cometeu.

XIX. De uma operação e de um propósito há um fim, ou de uma ação ou propósito, nós dizemos comumente, que está em um fim; da opinião também há cessação absoluta, que é, por assim dizer, sua morte. Em tudo isso não há prejuízo algum. Aplica isso agora à idade de uma pessoa; primeiro, uma criança; depois um menino, depois um jovem rapaz, depois um velho; cada mudança de uma idade para outra é um tipo de morte. E tudo isso aqui ainda sem motivo de aflição. Passa agora à primeira vida, que viveste com teu avô, então com tua mãe, então com teu pai. E assim, uma vez que, ao longo de todo o curso de tua vida até aqui, achaste e observaste muitas alterações, muitas mudanças, muitos tipos de fins e cessações, faze esta pergunta a ti mesmo: Que motivo de aflição ou tristeza acharás em qualquer uma dessas? Ou o que sofrerás por meio de qualquer uma dessas? Se em nenhuma delas, então tampouco no fim e consumação de tua vida inteira, que também é apenas uma cessação e mudança.

XX. Conforme requeira a ocasião, deixa que teu refúgio esteja a toda velocidade, ou com teu próprio entendimento, ou com aquele do universo, ou com aquele da pessoa quem agora tens a ver. Com teu próprio, que não decida nada contrário à justiça. Com o do universo, que disto possas te lembrar, do qual fazes parte. Com o daquele que possas considerar se em estado de ignorância ou de conhecimento. E também deves lembrar-te de que ele é teu semelhante.

XXI. Uma vez que tu mesmo, quem quer que sejas, foi feito para a perfeição e consumação, sendo membro de uma sociedade comum, assim deve cada ação tua tender à perfeição e à consumação de uma vida que é verdadeiramente sociável. Qualquer ação tua, portanto, que de imediato ou no longo prazo não tenha referência no bem comum, é uma ação exorbitante e desordenada, ou melhor, é sediciosa, como alguém dentre o povo que, de tal e tal consenso e unidade, devesse facciosamente separar-se e apartar-se.

XXII. A raiva de criança, apenas algazarra; almas miseráveis carregando corpos mortos para que seus próprios não caiam tão rápido, assim como está naquela canção lamentosa comum.

XXIII. Vá à qualidade da causa de que o efeito procedeu. Vê-a por si mesma, nua e despida, separada de tudo que é material. Depois considera os limites extremos de tempo que tal causa, qualificada assim e assado, pode subsistir e demorar.

XXIV. Infinitos são os transtornos e as misérias aos que já foste submetido, em razão apenas disto: porque toda felicidade não foi o bastante para ti ou porque não a consideraste felicidade suficiente, que teu entendimento operava de acordo com sua constituição natural.

XXV. Quando alguém, ou te imputar falsas acusações, ou censurar-te com ódio, ou usar algum comportamento como esses diante de ti, vá imediatamente para as mentes e entendimentos deles, olha neles e vê que tipo de pessoa são. Verás que, sendo o que são, não há ocasião para que te perturbes com aquilo que pensam de ti. Ainda assim, deves amá-los, porque, por natureza, eles são amigos. Os próprios deuses, naquilo que buscam deles como coisa de grande monta, são bem contentes, de todas as formas, em ajudá-los, e a outros, por meio de sonhos e oráculos.

XXVI. Para cima e para baixo, de uma era para a outra, vá às coisas ordinárias do mundo; ainda são as mesmas. Ou a mente do universo considerou e deliberou consigo mesmo, antes de existir, a respeito de tudo em particular; e se é verdade, submeta-te pela vergonha à determinação de um entendimento tão excelente; ou, de uma vez por todas, ela decidiu sobre todas as coisas em geral, e desde então o que quer que aconteça, acontece por consequência necessária, e todas as coisas ligam-se umas às outras de maneira indivisível e inseparável. Em suma: ou há um Deus, e tudo está bem; ou, se as coisas ocorrem por acaso e destino, ainda assim podes usar tua própria providência naquelas coisas que concernem a ti propriamente; e então estarás bem.

XXVII. Dentro em pouco a terra cobrirá a todos nós, e, então, ela mesma sofrerá sua mudança. Então o curso será, de um período de eternidade a outro, uma eternidade perpétua. Agora, pode uma pessoa que considere consigo mesmo, em sua mente, os diversos desdobramentos ou sucessões de tantas mudanças e alterações e a agilidade de tais comandos; ele pode fazer outra coisa que desdenhar em seu coração e desprezar todas as coisas mundanas? A causa do universo é, assim por dizer, uma torrente, ela leva tudo embora.

XXVIII. E ESTES TEUS POLÍTICOS PROFESSADOS, os únicos filósofos práticos no mundo (assim eles pensam de si mesmos), são tão completamente afetados pela seriedade ou amantes professados da virtude e honestidade, que miseráveis são eles, de fato; quão vis e desprezíveis em si mesmos? Oh, pessoa! Quanto barulho fazes por ti mesmo? Faze o que tua natureza requer. Decida-te por isso, se puderes, e não penses se alguém saberá sobre isso ou não. De fato, dizes: Não devo esperar uma comunidade de Platão. Mesmo se eles nunca obtiveram tão pouco, devo estar contente e ter grande consideração até por este pequeno avanço. Algum deles abandonou sua antiga opinião falsa de que eu deveria pensar que eles obtêm vantagem? Pois sem mudança de opinião, que pena!, o que é toda essa ostentação além de mera miséria de mentes servis, que gemem em privado e, ainda assim, fariam exibição de obediência à razão e à verdade? Vá também e fala-me de Alexandre e Filipe e Demétrio de Faleros. Eles sabem melhor do que ninguém se entenderam o que a natureza comum requeria e se podia dominar a si mesmos ou não. Mas se guardaram a vida e bazofiaram, eu (graças a Deus) não sou obrigado a imitá-los. O efeito da verdadeira filosofia é a simplicidade e modéstia não afetadas. Não me persuadas à ostentação e à vanglória.

XXIX. DE UM LUGAR ALTO, POR assim dizer, olhar para baixo e ver aqui rebanhos, lá sacrifícios sem número; e toda sorte de navegação; algumas em um mar revolto e tempestuoso, e algumas em um calmo; as diferenças gerais, ou diferentes estados das coisas, alguns que acabaram de começar a existir; as diversas e mútuas diferenças daquelas coisas juntas, e algumas outras coisas que estão no fim. A vida daqueles que se foram há muito, e daqueles que serão depois, e o presente estado e vida das muitas nações bárbaras que estão no mundo; tudo isso deves igualmente considerar em tua mente. Quantos há que nem sequer ouviram teu nome, quantos que, em breve, se esquecerão dele; quantos que, mal te elogiaram, dentro de um brevíssimo instante, talvez, falarão mal de ti. De tal forma que nem a fama, nem a honra, nem nada a mais que este mundo proporcione vale a pena. A soma de tudo, então; o que quer que aconteça a ti, de que Deus é a causa, aceitá-lo com contentamento; o que quer que fizeres, do qual tu próprio és causa, faze-o com justiça: o que vem a ser, se tanto em sua resolução quanto em tua ação não tiveres outro fim além de fazeres bem aos outros, sendo aquilo que, por tua constituição natural, como pessoa, estás obrigado a fazer.

XXX. Muitas dessas coisas que te perturbam e te provocam embaraço, está em teu poder cortá-las, como completamente dependentes de mero conceito e opinião; e então terás espaço o suficiente.

XXXI. Compreender o mundo todo em tua mente, e representar a ti mesmo todo o curso desta era presente, e fixar teus pensamentos sobre a mudança súbita de cada objeto particular. Quão curto é o tempo da geração de algo até sua dissolução; mas quão imensos e infinitos são ambos, o que veio antes da geração e aquele que depois da geração virá. Todas as coisas que vês logo morrerão, e aqueles que assistirem à sua corrupção logo desaparecerão eles mesmos. Aquele que morreu com cem anos e aquele que morreu jovem, virão a um.

XXXII. O que são suas mentes e entendimentos; e o que são as coisas a que se aplicam: o que amam, e o que odeiam? Imagina para ti mesmo o estado de suas almas abertas para ver. Quando pensam prejudicar astutamente aqueles de quem falam mal; e quando pensam fazer o bem, por outro lado, a quem elogiam e exaltam: oh, quão cheios eles estão, então, de conceito e opinião!

XXXIII. Perda e corrupção não são, de fato, nada mais do que mudança e alteração, e aquilo em que a natureza do universo mais se deleita, e aquilo pelo qual o que quer que seja feito está bem-feito. Pois este era o estado das coisas mundanas desde o começo e assim será para sempre. Ou preferirias dizer que todas as coisas no mundo se estragariam desde o começo por muitos anos e continuariam se estragando para sempre? Entre tantas divindades, não se poderia achar uma força divina que pudesse retificar todas as coisas do mundo? Ou está o mundo condenado a incessantes infortúnios e misérias para sempre?

XXXIV. QUÃO VIL E PÚTRIDA é cada matéria comum! Água, poeira e a mistura destes ossos, e toda matéria desprezível em que nossos corpos consistem: tão sujeitos a serem infectados e corrompidos. E novamente aquelas outras coisas muito valorizadas e admiradas, como pedras de mármore, o que são, senão miolos de terra? Ouro e prata, o que são, senão as mais asquerosas fezes da terra? Teu aparato mais real, quanto à matéria, não é senão, por assim dizer, o pelo de uma ovelha pateta, e quanto à cor, o sangue de um marisco; desta natureza são todas as coisas. A própria vida é algo assim também; uma mera exalação de sangue, e ela também, inclinada a ser mudada em alguma outra coisa comum.

XXXV. ESTAS QUERELAS, ESTA MURMURAÇÃO, ESTA reclamação e dissimulação nunca terão um fim? O que é que te perturba, então? Algo novo ocorre a ti? De que te surpreendes? É a causa ou a matéria? Encara ambos em si mesmos, é algo de peso e monta, de fato? Para além desses, não há nada. Mas teu dever diante dos deuses, é hora de tu mesmo cumpri-lo com mais bondade e simplicidade.

XXXVI. É O MESMO VER ESTAS coisas por cem anos ou por apenas três.

XXXVII. SE ELE PECOU, É DELE o prejuízo, não meu. Mas talvez ele não tenha pecado.

XXXVIII. OU TODAS AS COISAS ACONTECEM por providência da razão a cada particular, como parte de um corpo geral; e então seria contra a razão que uma parte devesse reclamar de algo que acontece para o bem do todo; ou se, de acordo com Epicuro, os átomos são as causas de todas as coisas e a vida seja nada além de uma confusão acidental de coisas, e a morte nada mais do que uma mera dispersão, e assim todas as outras coisas: com que deves perturbar-te?

XXXIX. Dizes à tua parte racional: Tu estás morta; a corrupção tomou conta de ti? Ela evacuará excrementos também? Ela faz como os bois ou ovelhas, que pastam ou comem, de tal forma que seja mortal, assim como o corpo?

XL. Ou os deuses não podem fazer nada para nós em absoluto, ou podem acalmar ou aliviar todas as distrações e destemperos da tua mente. Se não podem fazer nada, por que rezas? Se podem, por que não preferirias rezar para que concedam a ti que não temas nem tenhas luxúria por alguma daquelas coisas mundanas que causam distrações e destemperos? Por que não seria preferível, em vez de ficares descontente e aflito com sua ausência ou existência, que possas obter algo deles ou evitá-los? Pois certamente deve ocorrer que, se os deuses podem ajudar-nos em algo, eles o possam dessa forma também. Mas dirás, talvez: "Para tais coisas os deuses me deram liberdade: está em meu próprio poder fazer o que eu quiser." Mas se podes usar esta liberdade preferivelmente para colocar tua mente na liberdade verdadeira, em vez de voluntariosamente afetar-se com vileza e servidão da mente por estas coisas que não estão em teu poder para contornar ou evitar, não estarias melhor? E quanto aos deuses, quem te disse que não podem ajudar-nos mesmo nestas coisas que eles colocaram em teu próprio poder? Se for assim ou não, logo perceberás, se quiseres tu mesmo tentar e rezar. Alguém reza para que ele possa contornar o desejo de deitar-se com tal e tal pessoa, reza tu para que possas não ter a lascívia de deitar-se com ela. De algum outro modo ele poderia se livrar de alguém; reza tu para que possas tolerá-lo pacientemente, já que não tens necessidade de livrar-se dele. Outro, que ele não perca seu filho. Reza tu para que possas não temer perdê-lo. Faze com que todas as suas preces sejam para esse fim e propósito, e vê o que acontecerá.

XLI. "Em minha doença" (disse Epicuro de si mesmo) "meus discursos não concerniam à natureza de minha doença, nem era, para quem viesse me visitar, o assunto de minha conversa; mas meu tempo era todo dedicado e passado na consideração e contemplação daquilo que era de especial peso e monta, e entre outras, no seguinte: como minha mente, ainda que, por simpatia natural e inevitável, participando de alguma maneira da presente indisposição do meu corpo, pode, apesar disso, manter-se livre de perturbação e em presente possessão da própria felicidade. Nem eu entreguei meu corpo aos médicos completamente para que fizessem comigo o que quisessem, como se eu esperasse muita coisa deles ou como se eu pensasse ser uma questão de grande consequência recuperar minha saúde por seus métodos: pois meu estado presente, eu pensava, convinha-me bem e dava-me contentamento." Portanto, seja na doença (se estiveres doente, por acaso), seja em qualquer outra situação extrema, tenta estar afetado também em tua mente como ele relatou de si: não te apartar de tua filosofia por nada que aconteça a ti nem dar ouvido a discursos de patetas ou meros naturalistas.

XLII. É comum a todos os trabalhos e profissões dar atenção e foco apenas àquilo que estão a fazer e aos instrumentos pelos quais trabalham.

XLIII. Quando, a qualquer momento, estiveres ofendido com a impudência de alguém, faze no mesmo instante esta questão para ti: "O quê? É possível que não haja nenhuma pessoa impudente no mundo! Certamente não é possível." Então não desejes o que é impossível. Pois esta (tu deves pensar), quem quer que seja, é uma dessas pessoas impudentes de quem o mundo não pode ficar sem. Deves estar sempre pronto a racionar assim contigo mesmo a respeito dos sutis e astuciosos, assim como dos perniciosos, assim como de todos os que ofenderam. Pois, enquanto raciocinares assim contigo mesmo no geral, pensando que o tipo deles deve existir no mundo, estarás mais apto a usar mansidão diante de cada particular. Também farás bom uso em cada ocasião disto: considerar imediatamente consigo mesmo que virtude apropriada a natureza forneceu ao Homem contra tal vício ou para encontrar com uma disposição viciosa deste tipo. Por exemplo, contra os ingratos, ela concedeu a bondade e a mansidão como antídoto, e, assim, contra outro vicioso, algum outro tipo de faculdade peculiar. No geral, não está em teu poder instruí-lo melhor de que aquilo é um erro? Pois quem quer que peque desvia-se de seu propósito e certamente engana-se. E, novamente, em que tu te tornas pior pelo pecado dele? Pois não descobrirás que qualquer um destes contra quem te enfureces fez qualquer coisa pela qual tua mente (o único assunto verdadeiro de teu prejuízo e mal) pode tornar-se pior do que era. E que questão de aflição ou surpresa nisto: que aquele que não é instruído faça coisas próprias de alguém que não é instruído? Não deverias preferivelmente culpar a ti mesmo, que, com base muito boa de razão, poderias ter pensado ser muito provável que algo do tipo seria cometido por alguém do tipo, e não apenas não o previste, mas, ainda pior, surpreendes-te de que tenha acontecido. Mas, em especial, quando encontrares erro em uma pessoa ingrato ou falso, reflete sobre ti mesmo. Pois sem dúvida estás tu mesmo com muito erro se, de qualquer um dos dois que fossem de tal disposição, esperas que sejam verdadeiros contigo, ou, então, quando fizeste o bem a alguém, não o fizeste obrigado por teus pensamentos, como alguém que obteve seu fim; nem pensaste que, pela ação em si, tivesses recebido recompensa completa pelo bem que fizeste. De que mais gostarias? Àquele que é uma pessoa, fizeste um bem; isso não basta para ti? O que tua natureza requereu, tu o fizeste. Deves ser recompensado por isso? Como se o olho, pelo que vê, e o pé, porque anda, devessem exigir satisfação. Pois uma vez que são designados pela natureza para tal uso, não podem reclamar mais o que podem trabalhar de acordo com sua constituição natural. Assim o Homem, tendo nascido para fazer bem aos outros, em qualquer momento que faça o bem a qualquer um ajudando-o a sair do erro ou, mesmo que em coisas intermediárias, como numa questão de riqueza, vida, nomeação e semelhantes, ajuda a fazer avançar seus desejos, ele cumpriu aquilo para o que foi feito e, portanto, não pode pedir mais nada.

Livro Décimo

I. Ó MINH'ALMA, CONFIO QUE CHEGARÁ o tempo em que serás boa, simples, una, mais aberta e visível que este corpo em que estás enclausurada. Serás, um dia, sensível à felicidade daqueles que têm por finalidade o amor e cujas afeições por coisas mundanas estão todas mortas. Serás, um dia, completa, e carente de nada externo, sem procurar o prazer em nada, seja vivo, seja insensível, que o mundo possa proporcionar; nem desejando tempo para a continuação de seu prazer, nem lugar e oportunidade, nem o favor, seja do clima ou de alguém. Quando terás contentamento em teu estado presente e todas as coisas presentes acrescentarão à tua felicidade; quando te persuadirás de que tens todas as coisas; tudo para teu bem e tudo pela providência dos deuses; e, das coisas futuras, também serás confiante de que tudo estará bem, e tendendo à manutenção e preservação, de alguma forma, do bem-estar e felicidade daquele que é a perfeição da vida, da bondade e da beleza; que gera todas as coisas, e contém todas as coisas em si, e em si mesmo deve recolher todas de todos os lugares em que estão dissolvidas, para que, delas, possa gerar outras de novo como ele. Um dia sua disposição será tal que serás capaz, tanto com relação aos deuses quanto com relação às pessoas, de adequares e ordenares tua conversação de modo a nem reclamar deles a qualquer momento por algo que façam, nem a fazer tu mesma algo pelo qual possas ser justamente condenada.

II. Como alguém é totalmente governado pela natureza, que teu cuidado seja observar o que tua natureza em geral requeira. Feito isso, se não achares que tua natureza, uma vez que és criatura viva e sensível, será pior por causa disso, podes proceder. Em seguida, deves examinar o que tua natureza, uma vez que és criatura viva e sensível, requer. E isso, o que quer que seja, deves admiti-lo e fazê-lo, se tua natureza enquanto criatura viva e racional não se tornará pior por causa disso. Agora, o que quer que é razoável, também é sociável. Atenha-te a essas regras e não te perturbes com inutilidades.

III. O quer que aconteça a ti, tu és naturalmente, por tua constituição natural, capaz ou incapaz de suportá-lo. Se és capaz, não te ofendas, mas suporta de acordo com tua constituição natural ou na medida em que a natureza te permitiu. Se não fores capaz, não te ofendas. Pois logo trará teu fim e (o quer que seja) terá também o mesmo fim que tiveres. Mas lembra-te de que, o que quer que seja, por força de opinião baseada numa certa apreensão tanto da vantagem quanto do dever verdadeiro, podes conceber como tolerável, a isso podes tolerar por tua constituição natural.

IV. Aquele que ofende, ensina-o com amor e mansidão e mostra-lhe seu erro. Mas, se não puderes, então culpa a ti mesmo; ou melhor, nem a ti mesmo, se tua vontade e tentativas não faltaram.

V. O que quer que aconteça a ti, é aquilo que, desde todo o tempo, foi designado a ti. Pois pela mesma coerência de causas pelas quais tua substância foi designada à existência, também foi, o que quer que aconteça a ti, destinado e designado.

VI. Ou, com Epicuro, devemos imaginar afetuosamente que os átomos são a causa de todas as coisas, ou devemos conceder que há uma natureza. Que sua primeira base seja esta: és uma parte do universo que é governado por uma natureza. Então, em segundo lugar, que, com aquelas partes que são do mesmo tipo e natureza que os teus, tens relação de parentesco. A estas coisas, se eu for atento, primeiro porque sou parte, nunca ficarei desgostoso com nada que cai em minha porção particular dos acasos do mundo. Porque nada que é adequado ao todo pode ser prejudicial àquilo que é parte dele. Pois este é o privilégio comum de todas as naturezas: que não contêm nada nelas que lhes seja prejudicial; não pode ocorrer que a natureza do universo (cujo privilégio, para além de outras naturezas particulares, é que ela não pode, contra a sua vontade, ser forçada por alguma causa externa mais elevada) gere e acalente algo em seu colo para seu próprio dano e prejuízo. Assim, enquanto me lembro de que sou parte desse universo, não ficarei desgostoso com nada que aconteça. Enquanto tenho relação de parentesco com aquelas partes que são do mesmo tipo e natureza que eu sou, serei cuidadoso para não fazer nada prejudicial à comunidade, mas, em todas as minhas deliberações, para que sejam sempre gentis; e quanto ao bem comum a que todas as minhas intenções e resoluções devem me guiar, tentarei, por todos os meios, evitar e impedir o que lhe é contrário. Estas coisas, uma vez fixadas e concluídas, como tu considerarias um cidadão feliz aquele cujo estudo e prática constantes fossem para o bem e a vantagem de seus concidadãos e a condução da cidade diante dele, de tal forma que ele ficaria satisfeito com ela; assim deve ser contigo, para que conduzas uma vida feliz.

VII. Todas as partes do mundo (todas, eu digo, que estão contidas dentro do mundo todo) devem, por necessidade, uma hora ou outra, sofrer a corrupção. Alteração, eu deveria dizer, para falar verdadeira e propriamente; mas para que eu seja mais bem entendido, estou satisfeito com usar uma palavra mais comum. Agora, digo eu, se ocorre que isso é tanto prejudicial a elas quanto, apesar disso, inevitável, não ocorreria, tu pensas, que o todo estivesse em uma situação doce enquanto todas as partes estivessem sujeitas à alteração e, de fato, por ato delas, ele mesmo se tornando adequado à corrupção, essas não seriam coisas diferentes e contrárias? Então, ou a própria natureza projetou e designou a aflição e a miséria de suas partes, e, portanto, as fez assim de propósito, de tal forma que devessem cair no mal não apenas por acaso, mas por necessidade; ou ela não sabia o que estava fazendo quando as fez? Pois dizer qualquer uma dessas duas coisas é igualmente absurdo. Mas deixar passar a natureza em geral e raciocinar de coisas em particular de acordo com suas naturezas particulares, quão absurdo e ridículo é, primeiro, dizer que todas as partes do todo são, por sua constituição natural e apropriada, sujeitas a alteração; e, então, quando algo do tipo acontece, por exemplo, quando alguém fica doente e morre, agitar-se e surpreender-se como se algo estranho tivesse acontecido? Ademais, sem embargo, isto pode levar a aceitar não tão penosamente quando algo assim acontece: que, o que quer que se dissolva, se dissolve naquelas coisas de que era composto. Pois toda dissolução é, ou mera dispersão dos elementos naqueles mesmos elementos de que tudo consiste, ou mudança daquilo que é mais sólido em terra, e daquilo que é puro e sutil ou espiritual em ar. Portanto, isso significa que nada é perdido, mas tudo retorna novamente àquelas sementes gerativas e racionais do universo; e este universo, ou será consumido por fogo após certo período de tempo, ou renovado por mudanças contínuas, e assim perdurará para sempre. Agora, aquilo que é sólido e espiritual, do qual falávamos, não deves conceber que são exatamente os mesmos, que a princípio foram, de quando nascente. Pois, ai!, tudo que agora és, seja por tipo, seja por matéria de substância ou de vida, tem, há não mais do que dois ou três dias, recebido todo seu influxo, em partes da carne comida, em partes do ar respirado, sendo o mesmo não menos do que um rio mantido pelo perpétuo influxo e novos suprimentos de águas. Aquilo, portanto, que recebeste desde então, não aquilo que veio de tua mãe, é o que vem à mudança e à corrupção. Mas suponha que isso, pela substância em geral e sua parte mais sólida, deveria ainda apegar-se como nunca antes tão próximo a ti, ainda assim, o que é isso para as qualidades e afetações pelas quais pessoas são distintas, que certamente são diferentes?

VIII. Agora que tomaste para si os nomes de bom, modesto, verdadeiro; presta atenção aos de prudente, propício, soberano a todo momento, para que, fazendo algo contrário, não sejas chamado por eles impropriamente e percas o direito a estas denominações. Ou, se o fizeres, retorna a eles com toda velocidade possível. E lembra-te de que a palavra "prudente" anota para ti uma intenção e consideração inteligente de cada objeto que se apresenta a ti, sem distração. E a palavra "propício", uma aceitação contente de qualquer coisa que a natureza comum designa que aconteça a ti. E a palavra "soberano", uma superextensão, ou uma disposição transcendente ou prolongada da mente, pela qual ela passe por todas as dores e todos os prazeres corpóreos, honra e crédito, morte e o que quer que seja da mesma natureza, como questões de absoluta indiferença e que, de modo algum, pisam em uma pessoa sábio. Então, se inviolavelmente mantiveres tais qualidades, e não te sentires ambicioso de ser chamado assim pelos outros, tanto tu mesmo serás um outro pessoa quanto começarás uma nova vida. Porque continuar doravante como foste, submeter-se a essas distrações e destemperos, como deve ser pela vida que viveste até aqui, é o papel de alguém bem tolo e excessivamente afeiçoado à sua vida. O qual uma pessoa pode comparar a um desses miseráveis devorados pela metade, que enfrentam bestas selvagens no anfiteatro; quem, como alguém cujo corpo está coberto de feridas e sangue, deseja o grande favor de ser reservado para o dia seguinte, quando também, e no mesmo estado, serão expostos às mesmas garras e dentes de antes. Para longe, portanto, navega; e leva-te para longe dos transtornos e das distrações de sua antiga vida, por assim dizer, em direção a esses poucos nomes; e se podes residir neles, ou ser constante na prática e posse deles, continua lá tão feliz e alegre como alguém transportado àquele lugar de graça e felicidade, que foi chamado por Hesíodo e Platão de Ilha dos Abençoados, e, por outros, de Campos Elísios. E em qualquer momento que sentires estar em perigo de relapso e que não és capaz de dominar e superar essas dificuldades e tentações que se apresentam em sua atual posição, vai-te para um canto privado onde possas estar mais capaz. Se isso não servir, é melhor mesmo renunciares à tua vida. Mas que seja sem perturbação emocional, e sim de um modo simples e modesto: que seja a única ação louvável de toda a tua vida que assim partiste, ou esta seja a principal obra e trabalho de toda a tua vida, para que assim possas partir. Agora, para melhor lembrança daqueles nomes dos quais falamos podes achar de boa ajuda lembrar-te dos deuses com tanta frequência quanto possível; e de que aquilo que requerem das mãos de tantos de nós, enquanto criações de natureza razoável, não é que, com belas palavras e demonstrações externas de piedade e devoção, nós os bajulemos, mas que nos tornemos como eles; e de que todas as outras criaturas naturais, a figueira, por exemplo, o cachorro, a abelha, tanto uns quanto outros, e todos eles, o fazem, e aplicam a si mesmos àquilo que, por sua constituição natural lhes é apropriado; assim o ser humano igualmente deveria fazer aquilo que, por sua natureza, enquanto é uma pessoa, lhe pertence.

IX. Brinquedos e bobagens em casa, guerras no exterior; às vezes terror, às vezes torpor ou preguiça estúpida: essa é tua escravidão diária. Pouco a pouco, se não cuidares melhor, aqueles princípios sagrados serão apagados de tua mente. Quantas coisas há que, quando como mero naturalista, tu parcamente as consideraste de acordo com sua natureza e as deixaste passar sem outro uso? Ao passo que deverias, em todas as coisas, unir ação e contemplação de tal forma que pudesses, ao mesmo tempo, cuidar de todas as ocasiões presentes, de fazer tudo devida e cuidadosamente e ainda assim ter em mente a parte contemplativa também, de modo que não perca nenhuma parte daquele deleite e prazer que o conhecimento contemplativo de tudo, de acordo com sua natureza verdadeira, proporciona. Ou que o verdadeiro e contemplativo conhecimento de tudo de acordo com sua natureza pode, por si mesmo (a ação sendo sujeita a muitos empecilhos e impedimentos), proporcionar a ti prazer e felicidade suficientes. Não aparente, de fato, mas oculto. Quando alcançarás a felicidade da verdadeira simplicidade e gravidade sem afetação? Quanto te alegrarás com o conhecimento certeiro de cada objeto particular de acordo com sua natureza: por exemplo, qual é a sua matéria e substância; qual é o seu uso no mundo; quanto tempo pode subsistir; de que coisas consiste; quais são aqueles capazes disso e quais são aqueles que podem dá-lo e retirá-lo?

X. Assim como a aranha quando capturou a mosca que caçava não é pouco orgulhosa nem concebe mal de si mesma; assim como aquele que capturou uma lebre ou um peixe com sua rede; como outro ainda por capturar um javali e outro mais, um urso; assim podem estar orgulhosos e aplaudir a si mesmos por seus atos valentes contra os sármatas ou contra as nações do Norte recentemente derrotadas. Pois estes também, estes soldados famosos e homens guerreiros, se olhares dentro de suas mentes e opiniões, o que eles fazem a maior parte do tempo senão caçar presa?

XI. Descobre e define para ti mesmo algum meio ou método de contemplação pelo qual possas claramente discernir e representar para ti mesmo a mudança mútua de todas as coisas, de uma para a outra. Lembra-te cada vez mais e cuida para que te exercites completamente neste particular. Pois não há nada mais eficiente para gerar a verdadeira magnanimidade.

XII. Aquele que se perdeu das amarras de seu corpo e, percebendo que dentro em pouco deverá dar adeus ao mundo e deixar todas estas coisas para trás, aplicou-se por completo tanto à retidão em suas ações quanto à natureza comum em todas as coisas que deveriam lhe acontecer. E contentando-se com estas duas coisas: fazer todas as coisas com justiça e apreciar o que quer que Deus mandasse; aquilo que os outros pudessem dizer ou pensar dele, ou fazer contra ele, ele nem sequer perturbaria seus pensamentos com isso. Ir direto à frente, para onde a correção e a razão o direcionassem, e, com isso, seguir a Deus, era a única coisa com a qual se importava; isso era seu único encargo e ocupação.

XIII. Qual a utilidade de suspeitar de tudo? Ou por que deveriam teus pensamentos de desconfiança e suspeição sobre o futuro perturbar tua mente em absoluto? O que há de se fazer agora, se puderes buscar e inquirir a respeito daquilo que precisa mais de teu cuidado? E se estiveres apto a percebê-lo por conta própria, não permitas que nenhuma pessoa desvie-te disso. Mas se, por conta própria, não o perceberes tão bem, suspende tua ação e busca conselho dos melhores. Se não houver nada mais que te impeça, avança com prudência e discrição, de acordo com a ocasião e oportunidade presente, ainda propondo a ti mesmo aquilo que concebes como mais correto e justo. Pois atingir isso corretamente e acelerar-se na prossecução deve ser a felicidade, já que é a única coisa da qual podemos verdadeira e propriamente dizer que sentimos falta, ou na qual falhar.

XIV. O que é, o que é, que é lento, mas, ainda assim, apressado? Feliz, mas, ainda assim, sério? Aquele que em todas as coisas segue a razão como guia.

XV. Pela manhã, assim que te despertas, quando teu julgamento, antes que tuas afetações ou objetos externos deixem sua marca nele, está mais livre e imparcial; faze esta pergunta para ti mesmo, se aquilo que é certo e justo a ser feito, seja por ti ou por outros quando tu não fores capaz, é algo material ou não. Com certeza, não é. E quanto àqueles que mantêm este estilo de vida e dão tanta atenção a elogios ou ao desdém de outras pessoas, esqueceste-te de que tipo de pessoas são? Que tais e tais em suas camas, e tais a suas mesas: o que suas ações comuns são; o que eles buscam e de que fogem; que roubos e rapinas não cometem, se não com suas mãos e seus pés, ainda com aquela parte mais preciosa deles: suas mentes (se o admitissem) poderiam gozar da fé, da modéstia, da verdade, da justiça e do bom espírito.

XVI. Dá o que quiseres e tira o que quiseres, disse aquele que é bem instruído e verdadeiramente modesto àquele que dá e tira. E não foi de intrepidez e resolução peremptória que ele o disse, mas apenas com amor e submissão humilde.

XVII. Viva tão indiferentemente com relação ao mundo e aos objetos mundanos como alguém que vive por si mesmo, sozinho em uma colina deserta. Pois, quer aqui, quer lá, se todo o mundo não é senão uma cidade, não importa tanto o lugar. Que eles olhem e vejam uma pessoa, que é uma pessoa de fato, vivendo de acordo com a natureza verdadeira de uma pessoa. Se não podem tolerar-me, que me matem. Pois seria melhor morrer do que viver como eles querem.

XVIII. Não faze com que seja uma questão de disputa ou discurso quais são os sinais e as propriedade de um bom pessoa, mas real e concretamente o sê-lo.

XIX. Sempre representar para ti; e colocar diante de ti, tanto a idade geral e o tempo do mundo quanto toda a sua substância. E como todas as coisas particulares em respeito a eles são, por sua substância, como uma das menores sementes, e por sua duração, como a volta do pilão ao almofariz mais uma vez. Então, fixar tua mente sobre cada objeto particular do mundo e concebê-lo (como de fato é) como já em estado de dissolução e de mudança, tendendo a algum tipo de putrefação ou dispersão; ou mais o que quer que exista, que seja a morte, assim por dizer, de tudo em seu próprio tipo.

XX. Considera-os por meio de todas as ações e ocupações de suas vidas; por exemplo, quando comem e quando dormem; quando estão em um ato de exoneração necessária e quando em um ato de luxúria. De novo, quando estão ou em sua maior exultação, ou no meio de toda pompa e glória, ou irritados e desgostosos, em grande estado de majestade, como de um lugar alto, eles ralham e estufam. Quão vis e servis, apenas há pouco, eles estavam satisfeitos que haviam chegado a isto; e dentro em muito pouco, qual será seu estado quando a morte os tiver apreendido.

XXI. É bom para todos aquilo que a natureza comum envia a todos, e é melhor quando ela o envia.

XXII. A terra, disse o poeta, anseia pela chuva. Assim também está o glorioso céu cheio de desejo de cair sobre a terra, o que prova um tipo de amor mútuo entre ambos. E assim (digo eu) o mundo nutre certa afeição de amor para o que quer que venha a acontecer. Com tuas afeições a minha concorrerá, ó mundo. Meu objeto de anseio será o mesmo (e não outro) que o teu. Agora, que o mundo ama é verdade, de fato, então é como comumente dito, e salientemente sabido, que, de acordo com a expressão grega, imitada pelos latinos, as coisas que costumavam existir, dizemos comumente, elas amavam existir.

XXIII. Ou continuarás neste tipo de vida e é isso, a que por tanto tempo foste acostumado e, portanto, satisfatória; ou te aposentas, ou deixas o mundo, e isso de teu próprio consentimento, e então tens tua mente: ou tua vida é cortada; e então podes regozijar-te porque terminaste teu encargo. Uma dessas opções deve ocorrer. Está tu, portanto, bem confortado.

XXIV. Que sempre apareça e seja manifesto para ti que a solitude e os lugares desertos, tão estimados e amados por muitos filósofos, são, eles mesmos, assim e assado; e que todas as coisas são as mesmas para aqueles que vivem em cidades e conversam com outros, assim como para a natureza em todos lugares a ser vista e observada, para aqueles que se recolheram ao topo de montanhas e a refúgios desertos ou a quaisquer outros lugares desertos e inabitados. Pois em qualquer lugar a que fores, podes rapidamente encontrar e aplicar a ti mesmo aquilo que Platão disse de seu filósofo, em algum lugar: tão privado e recolhido, ele disse, como se estivesse fechado e enclausurado na cabana de algum pastor, no topo de uma colina. Lá, por tua própria conta, faze estas perguntas a ti mesmo ou entra nestas considerações: Qual é minha parte mais superior e importante, que tem poder sobre o restante? Qual é seu estado presente, conforme eu a uso; e para que a emprego? Está agora vazia de razão ou não? É livre e separada; ou tão afixada, congelada e crescida junto, por assim dizer, com a carne, que oscila com os movimentos e inclinação desta?

XXV. Aquele que foge de seu mestre é um fugitivo. Mas a lei é o mestre de todos os homens. Aquele, portanto, que abandona a lei é um fugitivo. Também o é aquele que ou está triste, enraivecido ou amedrontado, por qualquer coisa que aconteceu, acontece ou acontecerá por designação daquele que é o Senhor e Governador do universo. Pois ele é verdadeira e propriamente Νόμος[18], ou a lei, como o único νέμων[19], ou distribuidor e administrador de todas as

---

[18] Em grego no original, lê-se "Nômos" (com maiúscula também no grego). Significa, como diz o aposto, "lei". (N.T.)

[19] Em grego no original, lê-se "nêmon". Significa, como diz o aposto, "distribuidor". (N.T.)

coisas que acontecem ao longo de sua vida – assim, quem quer que esteja triste, enraivecido ou amedrontado é um fugitivo.

XXVI. Da pessoa vem a semente com a qual, uma vez atirada no útero, ela não tem mais nada a ver. Outra causa sucede, assume o trabalho e traz uma criança (que efeito maravilhoso de um tal começo!) à perfeição. Novamente, a pessoa coloca comida garganta abaixo; e uma vez lá, ele não tem mais nada a ver com ela. Outra causa sucede e distribui essa comida aos sentidos e afetações: transforma-a em vida e em força; e assim é com todas essas muitas e maravilhosas outras coisas que pertencem à pessoa. Essas coisas, portanto, que são tão secreta e invisivelmente moldadas e realizadas, deves olhar e contemplar; porém, não com os olhos do corpo, e sim tão direta e claramente quanto podes ver e discernir a causa externa e eficiente do rebaixamento ou elevação de qualquer coisa.

XXVII. Sempre prestar atenção e considerar contigo mesmo, como todas as coisas que agora existem, existiam até agora quase com os mesmos tipos e de acordo com as mesmas formas que têm agora; assim se deve pensar também das coisas que existirão doravante. Além disso, colocar diante de teus olhos dramas inteiros e cenas uniformes que compreendem a vida e as ações de pessoas de uma vocação e de uma profissão, tantos quantos conheceste por tua própria experiência ou pela leitura de histórias antigas (toda a corte de Adriano, toda a corte de Antonino Pio, toda a corte de Filipe, a de Alexandre, a de Creso). Pois descobrirás que elas são todas de um único tipo e de uma única forma: apenas os atores eram outros.

XXVIII. Como um porco que grita e coiceia quando sua garganta é cortada, imagina, para ti mesmo, todos aqueles que se afligem e se agitam com qualquer coisa mundana. Assim também é aquele que, em sua cama, sozinho, lamenta os mistérios desta nossa vida mortal. E lembra-te disso, que às criaturas racionais só é concedido aquilo a que elas podem, voluntária e livremente, submeter à Providência: mas submeter-se em absoluto é uma necessidade imposta a todas as criaturas igualmente.

XXIX. Com o que quer que te ocupes, considera, para ti mesmo, a respeito disso, e pergunta-te: O quê? Só porque não farei mais isso quando estiver morto, deve, portanto, a morte parecer lamentável para mim?

XXX. Quando te ofendes com a transgressão de uma pessoa, imediatamente reflete contigo mesmo; e considera aquilo em que também és culpado da mesma forma. Por exemplo, que talvez penses ser uma felicidade ser rico, ou viver no prazer, ou ser elogiado e ovacionado, e assim do resto em particular. Pois, se assim te lembrares disso, de imediato esquecerás tua raiva; em especial quando, ao mesmo tempo, vier a seus pensamentos o fato de que ele foi forçado, por seu equívoco e ignorância, a fazê-lo; pois como ele poderia escolher enquanto tinha tal opinião? Portanto, se puderes, afasta dele aquilo que o forçou a fazer o que fez.

XXXI. Quando vires Sátiro, pensa em Socratino e Êutiques, ou Himeneu, e quando vires Eufrates, pensa em Eutíquio e Silvano; quando vires Alcifrão, pensa em Tropeoforo; quando vires Xenofonte, pensa em Críton ou Severo. E quando olhares para ti mesmo, imagina para ti mesmo um ou outro dos Césares; e assim, para cada um, um outro que foi do estado e profissão correspondente. Que isso venha à tua mente ao mesmo tempo: e, agora, onde estão todos eles? Em nenhum lugar ou em algum? Pois a todo momento deves estar apto a perceber que as coisas mundanas são como a fumaça, que se esvanecem; ou, de fato, mero nada. Em especial quando te lembrares também disto: tudo aquilo que, uma vez, muda, nunca mais existirá novamente enquanto durar o mundo. E tu, então, quanto tempo durarás? E por que não bastaria a ti, se puderes, como te convém, passar virtuosamente essa porção de tempo que foi designada a ti, por menor que seja?

XXXII. Qual questão e curso de vida são estes dos quais tanto te queres livrar? Pois todas estas coisas, o que são elas senão objetos adequados para o exercício de um entendimento que encara tudo de acordo com sua verdadeira natureza? Sê paciente, até que (como um estômago forte que transforma todas as coisas em sua natureza; e como um grande fogo que transforma tudo o que é atirado nele em chamas e luz) também tu tornes estas coisas familiares, e, por assim dizer, naturais para ti.

XXXIII. Que não esteja no poder de ninguém dizer verdadeiramente de ti que não és verdadeiramente simples, ou sincero e aberto, ou bom. Que se engane quem quer que tenha uma tal opinião de ti. Pois tudo isso depende de ti. Pois quem te impede de ser verdadeiramente simples e bom? Apenas decida não viver em vez de não ser assim. Pois nem é defensável com razão que deva viver alguém que não seja assim. O que pode, então, ser dito ou feito nesta ocasião presente que esteja de acordo com a melhor razão e discrição? Pois, o que quer que seja, está em teu poder o fazê-lo e o dizê-lo, então, não busques pretextos como se estivesses impedido. Nunca cessarás de gemer e reclamar, até o momento em que, aquilo que o prazer é para o voluptuoso, seja para ti o fazer, em tudo que se apresenta, o que quer que deve ser feito de acordo e segundo a constituição própria da pessoa, ou para uma pessoa enquanto é uma pessoa. Pois deve contar como prazer, o que quer que seja, que possas fazer de acordo com tua natureza. E, ao fazer isso, qualquer lugar te caberá. Ao cilindro, ou rolo, não lhe é permitido mover-se para qualquer direção de acordo com seu próprio movimento, assim como não à água, nem ao fogo, nem a qualquer outra coisa que seja meramente natural ou natural e sensitiva; mas não racional, pois há muitas coisas que impedem a operação delas. Mas este é o privilégio próprio da mente e do entendimento: que, de acordo com a própria natureza, e como bem entender, ela pode ultrapassar qualquer obstáculo que encontre e continuar direto em frente. Portanto, ao colocar diante de teus olhos esta felicidade e alegria de tua mente, pela qual ela pode passar por todas as coisas e é capaz de todos os movimentos; seja como o fogo, para cima; ou como a pedra, para baixo; ou como cilindro, para aquilo que é inclinado; contenta-te com isso e não busques outra coisa. Pois todas as outras formas de impedimento que não são impedimentos da mente ou são propriamente do corpo, ou meramente procedem da opinião, do fato de a razão não opor a resistência que deveria, mas aceitar-se como derrotada de movo vil e covarde; estes não podem nem ferir, nem causar dano algum. Do contrário, aquele que se encontra com algum deles, deve, por necessidade, ser pior do que antes. Pois assim é com todos os outros objetos: considera-se prejudicial para eles aquilo que pode piorá-los. Mas aqui, opostamente, o Homem (se fizer bom uso daquilo que deve) é melhor e mais digno de elogio por qualquer um desses impedidos do que ao contrário. Porém, em geral, lembra-te de que nada pode prejudicar o cidadão natural se não for prejudicial para a cidade em si nem que nada pode prejudicar a cidade se não for prejudicial para a lei em si. Mas nenhuma dessas eventualidades ou impedimentos externos prejudicam a lei em si; ou são contrários àquela corte de justiça e equidade, pela qual sociedades públicas são mantidas: portanto, não prejudicam nem a cidade, nem o cidadão.

XXXIV. COMO AQUELE QUE É MORDIDO por um cão raivoso tem medo de quase tudo o que vê; assim também para aquele que os princípios morderam alguma vez ou em quem o conhecimento verdadeiro deixou uma impressão, quase tudo o que ele vê ou lê, seja curto ou comum, proporcionará uma lembrança para colocá-lo fora de toda aflição e medo, como disse o poeta: "O vento sopra sobre as árvores, e suas folhas caem no chão. Então as árvores começam a desabrochar de novo e, na primavera, produzem novos galhos. Assim é a geração das pessoas; alguns vêm ao mundo e outros se desprendem dele." Como essas folhas, então, são teus filhos. E também aqueles que te aplaudem com tanta seriedade ou aplaudem teus discursos com sua habitual aclamação, ἀξιοπίστως, oh, dito com sabedoria, e eu falo bem de ti; enquanto, por outro lado, aqueles que não se atêm a amaldiçoar-te, aqueles que privadamente desdenham e riem de ti, eles também são apenas folhas. E aqueles que vierem depois, em cujas memórias os nomes de pessoas famosas serão preservados após a morte, eles também são apenas folhas. Pois do mesmo modo é com todas as coisas mundanas. Sua primavera vem, eles são produzidos. Então o vento sopra, e eles caem. Então, em seu lugar, crescem outros da madeira ou matéria comum de todas as coisas semelhantes a eles. Mas durar apenas um pouco é comum a tudo. Por que, então, deverias tão sinceramente buscar tais coisas ou fugir delas, como se fossem durar para sempre? Ainda assim, dentro em pouco, e teus olhos se fecharão, e aquele que te carregar para o túmulo será velado em luto por algum outro pouco depois.

XXXV. Um bom olho deve ser bom para ver o que quer que há para ser visto e não apenas coisas verdes. Isso é próprio dos olhos doloridos. Assim também um bom ouvido e um bom nariz devem estar preparados para o que quer que haja para ser ouvido ou cheirado; e um bom estômago deve ser indiferente a todos os tipos de comida, assim como uma pedra de moinho é a tudo que foi feita para moer. Da mesma forma deve estar preparado um entendimento são para o que quer que aconteça. Mas aquele que diz: Oh, que meus filhos vivam!, e: Oh, que todos possam me elogiar pelo que quer que eu faça!, é um olho que busca coisas verdes ou um dente que busca o que é mole.

XXXVI. Não há nenhuma pessoa tão feliz em sua morte, mas alguns daqueles que estão próximos a ela quando morre estão prontos a regozijar-se em sua suposta calamidade. Ela foi alguém realmente virtuosa e sábia? Não haverá um ou outro a ser encontrado, que dirá a si mesmo: "Bem, agora enfim me verei livre deste pedagogo. Ele não tinha intenção de nos perturbar muito; mas sei bem que, em seu coração, eles nos condenavam muito." Assim falarão do virtuoso. Mas quanto a nós, ai de mim, quantas coisas há, pelas quais muitos ficariam felizes de livrar-se de nós. Isso, portanto, se pensares de quando quer que morras, que tu morrerás mais voluntariamente, quando pensares contigo mesmo: Eu parto agora deste mundo, no qual aqueles que foram meus amigos mais íntimos e conhecidos, aqueles pelos quais sofri tanto, pelos quais com tanta frequência rezei e pelos quais tive tanto cuidado, até mesmo eles prefeririam que eu morresse, na esperança de que, após minha morte, eles viveriam mais felizes do que antes. Por que uma pessoa desejaria viver por mais tempo? Apesar disso, quando morreres, não podes ser menos gentil e amoroso com eles por isso; mas, como antes, vê-os, continua a ser seu amigo, a desejar-lhes bem e a portar-te mansa e gentilmente diante deles; mas, ainda assim, de tal forma que, por outro lado, isso faça com que não fiques mais indisposto a morrer. Porém, como acontece com aqueles que experimentam uma morte rápida e fácil, e cuja alma rapidamente se separa do corpo, assim deve ser tua separação deles. A estes a natureza me uniu e anexou; agora ela nos divide; estou pronto para partir, como amigos e parentes, mas, ainda assim, sem relutância nem compulsão. Pois também isso está de acordo com a natureza.

XXXVII. Acostuma-te, tão frequentemente quanto a veres um homem ou uma mulher a fazer qualquer coisa, a imediatamente (se possível) dizer a ti mesmo: Qual a finalidade desta pessoa em suas ações? Mas inicia este curso contigo mesmo, antes de tudo, e examina diligentemente a ti mesmo no que concerne o que quer que faças.

XXXVIII. Lembra-te de que aquilo que coloca uma pessoa para trabalhar e tem poder de arrastar as afetações para lá ou para cá não é alguma coisa propriamente externa, mas aquilo que está escondido dentro dos princípios e das opiniões de cada pessoa: aquilo que é retórica, que é vida, que é (para dizer a verdade) o próprio ser. Quanto ao teu corpo, que é uma embarcação, ou uma caixa, contorna-o, e quanto aos variados e curiosos instrumentos que ele tem anexados a si, não permitas que perturbem teus pensamentos. Pois, por si mesmos, eles não são mais que o machado de um carpinteiro, exceto que nasceram conosco e estão naturalmente colados a nós. Porém, de outro modo, sem a causa interna que tem o poder de movê-los e de restringi-los, essas partes não são, por si mesmas, de mais uso para nós que a bobina é, por si mesma, para o tecelão; ou que a pena, para o escritor; ou que o chicote, para o treinador.

Livro Décimo Primeiro

I. As propriedades naturais e os privilégios de uma alma racional são: que ela veja a si mesma; que possa ordenar e compor a si mesma; que possa fazer de si mesma o que quiser; que colha seus próprios frutos, o que quer que sejam, enquanto plantas e árvores, criaturas irracionais, qualquer fruto (sejam frutas, propriamente, ou apenas analogamente) que produzam, produzem-no para outros, e não para si mesmas. Novamente, em qualquer momento e em qualquer lugar, antes ou depois, sua vida deve acabar, ela deve ter seu fim, apesar disso. Pois não se passa com ela como com os dançarinos e jogadores, que, se forem interrompidos em alguma parte de sua ação, a ação inteira deverá ser imperfeita[20]; mas ela, em qualquer parte do tempo ou ação em que seja surpreendida, pode fazer aquilo que estiver em suas mãos, o que quer que seja, completo e inteiro, de tal modo que ela possa partir com aquele conforto, "eu vivi, nem quero nada daquilo que propriamente pertenceu a mim". Novamente, ela contornou o mundo todo, penetrou a vaidade e, somente de fora dela (vazia de substância e solidez), ela estendeu-se para a infinitude da eternidade; e a revolução e a restauração de todas as coisas, após

---

[20]"Imperfeito" tem para nós o sentido de "malfeito", "feito com falhas", mas, em latim, "perfeito" significava literalmente "feito até o fim". Imperfeito, seria, portanto, aquilo que não foi feito até o fim, que foi interrompido. (N. T.)

certo período de tempo, para o mesmo estado e lugar de antes, ela as buscou e compreendeu-as em si mesma; e considera, além disso, e vê claramente isto: que nem sequer aqueles que vierem depois de nós verão uma coisa nova, que não vimos, nem aqueles que vieram antes, mais do que nós; mas que aquele que alcançou os quarenta (se ele tem algum senso em absoluto) pode, de certa forma (porque elas são todas de um tipo), ver todas as coisas, tanto passadas quanto futuras. Assim como é próprio e natural da alma do Homem amar seu próximo, ser verdadeira e modesta e não encarar nada além de si mesma; o que é também a propriedade da lei, pela qual, pelo meio que aparece, a razão sã e a justiça vêm a todos e, portanto, aquela justiça é a coisa mais importante que criaturas racionais devem propor a si mesmas como fim.

II. UMA CANÇÃO OU DANÇA AGRADÁVEL; os exercícios do pancratiasta, esportes aos quais estás acostumado a te dedicar, podes facilmente desprezar; se divides a voz harmoniosa em tantos sons particulares dos quais ela consiste, e perguntas de cada um em particular se este ou aquele som é o que te conquista. Pois te envergonharias disso. E também quanto à vergonha, se, do mesmo modo, a considerares em cada movimento e postura particular em si mesmo; e assim também para o exercício do lutador. Em geral, então, o que quer que haja para além da virtude e das coisas que procedem da virtude, pelas quais estás sujeito a ser muito afetado, lembra-te imediatamente de dividi-lo assim, por essa forma de divisão, em cada particular, de modo a alcançar o desprezo do todo. Isto deves transferir e aplica também a toda a tua vida.

III. AQUELA ALMA QUE ESTÁ SEMPRE pronta, e mesmo agora, imediatamente, para separar-se do corpo, seja por meio da extinção, ou da dispersão, ou da continuação para outro lugar e estado, que abençoada e feliz ela é! Mas essa sua prontidão deve proceder não de uma resolução obstinada e peremptória da mente, violenta e apaixonadamente estabelecida sobre a oposição, como estão acostumados os cristãos; mas de um julgamento peculiar, com discrição e gravidade, para que outros possam se persuadir também e sentir-se estimulados pelo exemplo semelhante, mas sem nenhum barulho e exclamações apaixonadas.

IV. Fiz algo caridoso? Então fui beneficiado por isso. Cuida que isso se apresente à tua mente em todas as ocasiões e nunca cesse de pensar nisso. O que é tua profissão? Ser bom. E como isso poderia ser realizado senão por certos teoremas e doutrinas; algumas concernentes à natureza do universo, e outras concernentes à constituição própria e particular do Homem?

V. As tragédias foram, no início, trazidas e instituídas para pôr as pessoas à parte de acasos mundanos e eventualidade; que estas coisas acontecem no curso comum da natureza; que aqueles que ficam satisfeitos e deleitados com tais acontecimentos no palco não ficariam aflitos e entristecidos pelas mesmas coisas em um palco maior; pois aqui vês qual o fim de todas as coisas; e mesmo os que gritam tão lamentosamente ao Citéron devem suportá-los, apesar de todos os gritos e exclamações, tanto quanto os outros. Em verdade, muitas coisas boas são ditas por esses poetas; como esta (por exemplo) é uma excelente passagem: "Mas se ocorre que eu e meus dois filhos devemos ser negligenciados pelos deuses, eles devem ter um motivo para isso" etc. E ainda: "Será de pouco proveito que esbravejes e te enfureças contra as coisas em si" etc. Novamente: "Colher a vida como uma espiga de trigo madura"; e o que quer que se possa achar nelas do mesmo tipo. Depois da tragédia, a comédia antiga foi trazida, a qual tinha a liberdade de ralhar vícios pessoais; sendo, então, por meio de sua liberdade e licença de expressão, de muito bom uso e efeito para coibir o orgulho e arrogância dos homens. Para o mesmo fim que Diógenes tomou a mesma liberdade. A partir destas, para que foram admitidas, seja a Comédia Média ou a Nova Comédia, senão meramente (ou para a maior parte, pelo menos) para o deleite e prazer de uma imitação excelente e curiosa? "Roubará, olha para isso" etc. Porque, ninguém nega, mas estas também tinham algumas coisas boas das quais essa pode ser uma: mas toda a direção e fundamento desse tipo de poesia dramática, o que mais é, senão o que dissemos?

VI. Quão claramente parece a ti que nenhum outro curso de tua vida poderia ser mais apropriado à prática do filósofo do que precisamente aquele em que te encontras agora?

VII. Um galho cortado da continuidade daquilo que estava próximo a ele deve, por necessidade, ser cortado da árvore inteira; assim também a pessoa que está apartada de outra pessoa está separada de toda a sociedade. Um galho é cortado por outra coisa, mas aquele que odeia e tem aversão corta a si mesmo de seu próximo, e não sabe que, ao mesmo tempo, do corpo todo, ou corporação. Mas aqui jaz a graça e a misericórdia de Deus, autor desta sociedade, em que, uma vez cortado, podemos crescer juntos novamente e nos tornarmos parte do todo novamente. Porém, se isso acontece, a miséria é que, quanto mais longe uma pessoa foi nesta separação, mais difícil é que seja reunida e restaurada novamente; contudo, sobre o galho que, uma vez cortado, foi depois enxertado, os jardineiros poderão dizer que não é igual àquele que brotou conjuntamente no começo e continuou na unidade do corpo.

VIII. Crescer conjuntamente com galhos companheiros em matéria de boa correspondência e afeição; mas não em matéria de opiniões. Aqueles que se opuserem a ti em teus cursos corretos, assim como não está em seu poder desviar-te de tua boa ação, não permitas que eles te desviem da boa afeição diante deles. Mas que seja teu cuidado manter-te constante em ambos; tanto em bom julgamento e ação quanto na verdadeira mansidão diante daqueles que tentarão impedir-te ou que, pelo menos, ficarão descontentes com o que tiveres feito. Pois falhar em alguma dessas coisas (seja, em uma, por cederes ao medo; seja, em outra, por abandonares tua afeição natural diante daquele que por natureza é tanto teu amigo quanto teu semelhante) é igualmente vil, e mostra muitos sinais da disposição de um soldado fugitivo.

IX. NÃO É POSSÍVEL QUE QUALQUER natureza deve ser inferior ao artificial[21], já que todo artificial imita a natureza. Se é assim, é improvável que a mais perfeita e geral de todas as naturezas devesse ficar aquém das habilidades das técnicas artificiais. Agora, é comum a todas as técnicas artificiais fazer aquilo que é pior em nome do melhor. Muito mais do que o faz a natureza comum. Daí que é a primeira base da justiça. Da justiça todas as outras virtudes têm sua existência. Pois a justiça não pode ser preservada se depositarmos nossas mentes e afeições em coisas mundanas ou tendermos a ser enganados ou precipitados e inconstantes.

X. AS COISAS EM SI MESMAS (as quais, para conquistar ou evitar, te colocas em tanto tormento), elas não vêm a ti; mas tu, de certa forma, vais a elas. Então, que teu próprio julgamento e opinião a respeito dessas coisas fique calmo; e quanto às coisas em si, elas ficam paradas e quietas, sem nenhum barulho ou agitação em absoluto; assim, toda busca e toda fuga cessarão.

XI. A ALMA É COMO EMPÉDOCLES a comparou, como uma esfera ou um globo, quando ela tem apenas uma forma e figura; quando não se estende ganaciosamente para nada nem se contrai vilmente ou jaz encolhida e abatida; mas brilha com toda luz, pela qual ela vê e

---

[21]"Artificial" vem de "arte" e significa "aquilo que é feito por arte"; arte, aqui, no seu sentido antigo e geral de "técnica", "conhecimento prático e profissional", "saber fazer". Outras traduções possíveis são "técnica" ou "arte" mesmo, notando aqui, no caso desta última, que o sentido é muito diferente do mais usado no contemporâneo. (N. T.)

olha a natureza verdadeira, tanto a do universo e a de si mesma em particular.

XII. Alguém me desprezará? Que ele o examine sobre os motivos pelos quais o faz; meu cuidado será para que eu nunca me encontre fazendo ou dizendo algo que possa realmente merecer desprezo. Alguém me odiará? Que ele o examine. Quanto a mim, serei gentil e amoroso com todos, e inclusive com aquele que me odeia, quem quer que seja, estarei disposto a lhe demonstrar seu erro, não por meio de exprobração e ostentação da minha paciência, mas franca e mansamente, assim como era o famoso Focião, se não é que fingisse. Pois é internamente que essas coisas devem ser; de tal forma que os deuses, que olham para dentro, não para a aparência externa, possam olhar uma pessoa verdadeiramente livre de toda indignação e aflição. Porque, qual prejuízo pode haver para ti a partir do que quer que alguém faça, desde que tu faças o que é próprio e adequado à tua própria natureza? Não queres tu (uma pessoa totalmente designado para ser tanto o "que" quanto o "como" que o bem comum pode requerer) aceitar aquilo que é agora oportuno para a natureza do universo?

XIII. Eles desprezam uns aos outros e, ainda assim, buscam agradar uns aos outros; e, enquanto buscam ultrapassar um ao outro em pompa e grandeza mundanas, eles vilificam e prostituem a si mesmos em sua melhor parte um para o outro.

XIV. Quão podre e insincero é aquele que disse: Estou decidido a portar-me doravante diante de ti com toda sinceridade e simplicidade. Ó pessoa, o que queres dizer? Qual a necessidade desta tua declaração? A própria coisa revelará isso. Deve estar escrito em tua testa. Assim que tua voz se faz ouvida, teu semblante deve ser capaz de mostrar o que está em tua mente; assim como aquele que é amado sabe imediatamente pelos olhares de seu amor o que está na mente dele. Assim deve ser aquele que é simples e bom para o mundo todo, assim como é aquele cujas axilas são ofensivas, de tal forma que, assim que alguém se aproxima dele, pode, assim por dizer, sentir seu cheiro, querendo ele ou não. Mas o fingimento da simplicidade é, de modo algum, louvável. Não há nada mais vergonhoso do que uma amizade pérfida. Acima de tudo, isso deve ser evitado. Contudo, as verdadeiras bondade, simplicidade e gentileza não podem ser ocultas, mas, como já dissemos, elas se mostrarão nos próprios olhos e semblante.

XV. Viver alegremente é um poder interno da alma quando ela é afetada com indiferença diante das coisas que são, por sua natureza, indiferentes. Para ser afetada assim, ela deve considerar todos os objetos mundanos tanto em separado quanto no todo; lembrando-se, além disso, de que nenhum objeto pode, por si mesmo, gerar opinião em nós nem pode vir a nós, mas fica parado e quieto; entretanto que devemos, nós mesmos, gerar qualquer opinião em nós e, por assim dizer, imprimir em nós mesmos opiniões concernentes a eles. Agora, está em nosso poder não as imprimir; e se rastejarem e espreitarem em algum canto, está em nosso poder afastá-las. Lembrando-se, ainda mais, de que este teu cuidado e circunspecção deve continuar por um tempo e, então, tua vida acabará. E o que impede que faças bem todas essas coisas? Pois se estão de acordo a natureza, regozija-te nelas, e deixa que sejam agradáveis e aceitáveis para ti. Mas se são contra a natureza, busques o que é de acordo com tua própria natureza e, seja para teu crédito ou não, use toda velocidade para alcançá-lo; pois ninguém pode ser culpado por buscar seu próprio bem e felicidade.

XVI. Quanto a todas as coisas, deves considerar de onde vieram, de quais coisas consistem e em que serão mudadas; o que será a natureza disso ou como será quando houver mudado; e que não pode sofrer dano algum por tal mudança. Quanto à tolice ou perversidade de outras pessoas, que não te perturbem nem aflijam; primeiro, em geral, assim: Que relação tenho com isso? E que todos nascemos para o bem uns dos outros; então, mais particularmente, depois de outra consideração; como o carneiro é o primeiro num rebanho de ovelhas, e como o touro em uma manada de gado, assim também eu nasci para governá-los. Começa até mais alto do que isso: se os átomos não são o começo de todas as coisas, em comparação com isso o acreditar em nada é mais absurdo, então devemos admitir que há uma natureza que governa o universo. Se há uma tal natureza, então todas as coisas piores são feitas para o interesse do melhor, e todo o melhor para o interesse um do outro. Em segundo lugar, que tipo de pessoas elas são à mesa, e sobre suas camas, e assim por diante. Mas, acima de todas as coisas, como são forçados por suas opiniões a fazer aquilo que fazem; e mesmo aquelas coisas que fazem, com qual orgulho e opinião elevada de si mesmos o fazem. Em terceiro, se fazem essas coisas com correção, não tens razão para te afligires. Mas se não o fazem com correção, decorre por necessidade que o fazem contra a sua vontade e por meio de mera ignorância. Pois, de acordo com a opinião de Platão, nenhuma alma erra voluntariamente, então, por consequência, não faz nada contrário ao que deveria senão contra a sua vontade. Portanto, eles se afligem em qualquer momento em que se ouvem acusados de injustiças ou de irresponsabilidade, ou de cobiça, ou, em geral, de qualquer conduta injuriosa diante de seu próximo. Em quarto, que tu mesmo transgrides muitas coisas e é outro como eles. E mesmo que, por acaso, evites o ato de alguns pecados, ainda assim tens em ti uma disposição habitual para eles, mas, seja por medo, seja por vanglória, seja por algum outro motivo ambicioso e tolo, tu te conténs. Quinto, que, mesmo que eles tenham pecado ou não, tu não entendes perfeitamente. Pois muitas coisas são feitas por meio de uma política discreta; e, em geral, uma pessoa deve saber muitas coisas antes de estar apta a verdadeira e judiciosamente julgar as ações de outro pessoa. Sexto, que, em qualquer momento no qual ages com aflição ou faz grande lamento, não te lembras nem um pouco de que a vida de uma pessoa é só um momento de tempo, e que, dentro em pouco, todos nós estaremos em nossos túmulos. Sétimo, que não são seus pecados e transgressões em si que nos perturbam propriamente; pois eles têm sua existência apenas nas mentes e entendimentos daqueles que os cometem; o que nos perturba são nossas próprias opiniões a respeito de tais pecados. Remove-as e fica satisfeito de separar-te daquele teu conceito de que elas sejam algo a se lamentar e de teres removido tua raiva. Mas como devo removê-la? Como? Raciocinando consigo mesmo que não é vergonhoso. Pois aquilo que é vergonhoso, não sendo apenas o verdadeiro mal que é, tu ainda queres ser levado enquanto segues o instinto comum da natureza, de evitar o que é mal, de evitar cometer muitas coisas injustas e tornar-te um ladrão, e qualquer coisa que te fará alcançar teus fins mundanos pretendidos. Oitavo, quantas coisas com frequência se seguem após tais rompantes de raiva e aflição; tão mais aflitivas nelas que as coisas pelas quais estávamos tão aflitos ou irritados. Nono, que a mansidão é algo inconquistável se for verdadeira e natural e não afetada e hipócrita. Pois como poderia mesmo o mais feroz e malicioso que podes imaginar, como ele poderia aborrecer-te se continuas manso e amável diante dele; de tal forma que, mesmo no momento em que está prestes a fazer-te mal, serás bem-disposto e, com bom humor, para ensiná-lo e instruí-lo para o melhor com toda mansidão? Por exemplo; Meu filho, não nascemos para isto, para prejudicar e incomodar uns aos outros; será teu prejuízo, não o meu, filho meu; de tal forma a mostrar-lhe que é assim necessária e completamente; que nem as abelhas o fazem umas contra as outras, nem nenhuma outra criatura que seja naturalmente sociável. Mas não deves fazê-lo com zombarias nem por meio de exprobração, mas carinhosamente, sem qualquer dureza de palavras. Nem deves fazê-lo por meio de exercício ou ostentação, de tal forma que aqueles que estejam por perto e te ouçam possam admirar-te; mas também para que ninguém o saiba, senão ele apenas; sobretudo se houver mais pessoas presentes ao mesmo tempo. Estes nove tópicos particulares, assim como com muitos presentes das Musas, cuida para que deles te lembres bem; e começa, um dia, enquanto ainda estás vivo, a ser de fato uma pessoa. Mas, por outro lado, deves prestar atenção que tanto bajulá-los quanto irritá-los são igualmente injustos, e igualmente prejudiciais. E quanto a tuas perturbações emocionais, leva imediatamente à tua consideração que ficar irritado não é papel de uma pessoa, mas ser manso e gentil, pois tem mais sabor de humanidade, e também de masculinidade. Pois há força e nervos, vigor e fortaleza naquilo que é vazio de raiva e indignação. Pois quão mais próximo tudo está da ausência de perturbação emocional tanto mais está perto do poder. E como a aflição procede da fraqueza, assim também a raiva. Pois tanto aquele que está enraivecido e aquele que está aflito receberam uma ferida e, covardemente, assim por dizer, se entregaram a suas afetações. Se quiseres também um décimo, recebe este décimo presente de Hércules, o guia e líder das musas: que é o papel de uma pessoa louca cuidar para que não haja nenhuma pessoa perversa no mundo, pois isso é impossível. Agora, que uma pessoa aceite muito bem que haja homens perversos no mundo, mas não suporte que algum deles transgrida contra si mesmo, isso é contra toda equidade e, de fato, tirânico.

XVII. Pois há diversas disposições e inclinações da mente e do entendimento, as quais, para estar ciente deles, deves observar cuidadosamente; e em qualquer momento em que as descobrires, deves retificá-las dizendo a ti mesmo a respeito de cada uma delas: Esta imaginação não é necessária; esta é injusta; isto podes dizer do escravo ou instrumento de outro pessoa e nada pode ser mais sem sentido e absurdo; para a quarta, deves verificar agudamente e repreender-te a ti mesmo para que não aceites que aquela parte mais divina de ti se torne tão sujeita e ofensiva com relação àquela parte mais ignóbil do corpo, suas luxúrias e concupiscências asquerosas.

XVIII. A PORÇÃO, QUALQUER QUE SEJA, de ar ou fogo que há em ti, ainda que por natureza tenda para cima, submetendo-se, a despeito disso, ao decreto do universo, habita aqui abaixo neste corpo misto. Então, o que quer que haja em ti, seja terroso, seja úmido, ainda que por natureza tenda para baixo, ainda assim é contra sua natureza, elevado para o alto e em pé, ou consistente. De tal forma são obedientes até mesmo os próprios elementos do universo, residindo pacientemente onde quer que (ainda que contra a sua natureza) tenham sido postos, até que soe, por assim dizer, sua retirada e separação. Isso não lhes causa aflição, então, por que apenas tua parte racional deveria ser desobediente e não deveria suportar ficar em seu lugar; de fato, nada pode ser aproveitado que se seja contrário, mas apenas aquilo que esteja de acordo com sua natureza? Pois não podemos dizer que, quando está desobediente, como dizemos do fogo ou do ar, que tende para cima, em direção a seu elemento próprio, pois vai, então, para o lado contrário. Porque o movimento da mente em direção a qualquer injustiça, ou inconsistência, ou tristeza, ou medo, nada mais é senão uma separação da natureza. Também quando a mente se aflige com alguma coisa que aconteceu por providência divina, então também ela, igualmente, abandonou seu próprio lugar. Pois ela foi designada para a santidade e para a piedade, que consistem, em especial, em uma humilde submissão a Deus e à Sua providência em todas as coisas; assim como à justiça; essas também são parte daqueles deveres a que, como naturalmente sociáveis, estamos obrigados; e sem os quais não podemos conversar alegremente uns com os outros; de fato, a verdadeira base e fonte de todas as ações justas.

XIX. Aquele que não tem um fim geral, que é uno e mesmíssimo ao longo de sua vida, não pode ser uma pessoa que é uno e mesmíssimo. Mas isso não bastará, a menos que acrescentes também o que é esse fim geral. Pois o conceito e a apreensão gerais de todas aquelas coisas que, sem uma base certa, são consideradas boas pela grande maioria das pessoas não podem ser uniformes e harmoniosas; mas apenas aquilo que é limitado e restrito a certas propriedades e condições, como de uma comunidade; que nada seja concebido como bom se não é pública e comumente bom; então o fim do que propomos a nós mesmos deve ser também comum e sociável. Pois aquele que dirigir todos os seus próprios movimentos e propósitos privados para esse fim, todas suas ações serão harmoniosas e uniformes; e por meio disso será ainda a mesma pessoa.

XX. Lembra-te da fábula do rato do campo e do rato da cidade e do grande medo e terror em que este foi posto.

XXI. Sócrates costumava chamar os conceitos e opiniões dos Homens de pesadelos do mundo: o terror próprio de crianças patetas.

XXII. Os lacedemônios, em seus espetáculos públicos, costumavam reservar os assentos e formalidades para seus estrangeiros à sombra; eles mesmos estavam contentes de sentar-se em qualquer lugar.

XXIII. O que Sócrates responde a Pérdicas, quando perguntou por que não viera a ele: Para que eu não morra o pior de todos os tipos de morte, ele disse; isto é, não ser capaz de retribuir o bem feito a mim.

XXIV. Nas antigas cartas místicas dos efésios, havia um segundo o qual uma pessoa deveria ter sempre em mente alguma pessoa ou outra dos antigos valorosos.

XXV. Os pitagóricos costumavam, cedo pela manhã, como primeira coisa que faziam, olhar para os céus e colocar-se na mente daqueles que constante e invariavelmente realizam sua tarefa: de colocar-se na mente da ordenação, ou da boa ordem, e da pureza, e da simplicidade nua. Pois nenhuma estrela nem planeta se cobriam diante dela.

XXVI. Como Sócrates parecia, quando voluntariamente zombou de si mesmo com uma pele, depois que Xantipa, sua esposa, havia levado embora todas as suas roupas e as carregado consigo para longe, e o que ele disse para seus companheiros e amigos, que estavam embaraçados e, por respeito a ele, retiraram-se quando o viram enfeitado desta forma.

XXVII. Em matéria de escrita e leitura, deves ser ensinado antes de poderes fazer qualquer uma das duas; mais ainda em matéria de vida. "Pois nasceste um mero escravo de teus sentidos e afetações animalescas", destituído, sem ensinamento, de todo conhecimento verdadeiro e razão sã.

XXVIII. "Meu coração sorriu dentro de mim." "Eles acusarão até mesmo a virtude com palavras hediondas e infames."

XXIX. Como aqueles que desejam figos no inverno, quando não se pode tê-los; assim são aqueles que desejam filhos antes que se possam concedê-los a eles.

XXX. "Com a mesma frequência com a qual um pai beija seu filho, ele deveria dizer secretamente a si mesmo", disse Epiteto, "amanhã talvez ele morra". Mas estas palavras são sinistras. Nada de palavras sinistras (disse ele) que significam algo que é natural: de fato e em realidade, não mais sinistro do que isso, "cortar as uvas que estão maduras". Uvas verdes, uvas maduras, uvas-secas ou uvas-passas; tantas mudanças e mutações de uma coisa, não naquilo que não era em absoluto, mas naquilo que não era ainda.

XXXI. "Do livre-arbítrio não há ladrão nem assaltante", de Epiteto. De quem também é esta: que deveríamos achar certa técnica e método de assentir; que deveríamos sempre observar com grande cuidado e atenção as inclinações de nossas mentes, para que sempre estejam com sua devida contenção e reserva, sempre caridosa e de acordo com o verdadeiro valor de cada objeto presente. Quanto ao desejo zeloso, devemos evitá-lo em absoluto; e usar a aversão apenas para aquilo que completamente dependa de nossas vontades. Não se trata de um assunto mesquinho e ordinário acreditar que todo nosso conflito e contenda é se deveríamos ficar irritados com os vulgares ou se, por meio da ajuda da filosofia, ficar sábio e sóbrio, ele disse.

XXXII. Sócrates disse: "O que quereis ter? A alma de criaturas racionais ou irracionais? Das racionais. Mas qual? Daquelas cuja razão é sã e perfeita? Ou daquelas cuja razão é viciada e corrupta? Daquelas cuja razão é sã e perfeita. Por que não vos esforçais para isso? Porque já a temos. E pelo que, então, vós brigais e rivalizais entre vós?"

Livro Décimo Segundo

I. A QUALQUER COISA QUE ASPIRARES doravante, podes mesmo agora aproveitar e possuir se não invejares tua própria felicidade. E isso ocorrerá se te esqueceres do passado e, quanto ao futuro, dirigir-se totalmente à Divina Providência, e voltar e aplicar todos os teus pensamentos presentes e intenções para a santidade e retidão. Para a santidade, ao aceitar voluntariamente tudo o que é enviado pela Divina Providência, como algo que a natureza do universo designou para ti, a qual também designou-te para isso, o que quer que seja. Para a retidão, ao falar a verdade com liberdade e sem ambiguidade; e ao fazer todas as coisas com justiça e prudência. Agora, neste bom curso, não permitas que a perversidade, ou a opinião, ou a voz de outras pessoas te impeça: não, nem o sentido desta tua massa de carne empanturrada; pois deixa o que sofre cuidar de si mesmo. Se, portanto, em qualquer momento a hora de tua partida chegar, tu deixarás prontamente todas as coisas e respeitarás apenas tua mente e a parte divina de ti, e este será teu único medo, não que, em algum momento ou outro deixes de viver, mas que não comeces nunca mais a viver de acordo com a natureza; então, serás uma pessoa de verdade, digna daquele mundo do qual tiveste teu início; então, deixarás de ser um estrangeiro em teu país e de surpreender-te com aquelas coisas que acontecem diariamente, como coisas estranhas e inesperadas, e a depender ansiosamente de diversas coisas que não estão em teu poder.

II. D‌eus olha nossas mentes e entendimentos, despidos e nus dessas embarcações materiais e externalidades e toda imundície terrena. Pois, com Seu simples e puro entendimento, Ele perfura em nossas mais internas e puras partes, as quais d'Ele, por assim dizer, como um cano de água e um canal, primeiro fluíram e saíram. Se te acostumares também a fazer isso, livrar-te-ás da inumerável bagagem com a qual te sobrecarregas. Pois aquele que não olha seu corpo, nem sua roupa, nem sua morada, nem qualquer outro tipo de mobília externa deve ganhar para si grande descanso e tranquilidade. Há três coisas, no todo, das quais consistes: teu corpo, tua vida e tua mente. As duas primeiras são tuas na medida que estás obrigado a cuidar delas. Mas a terceira apenas é aquela que é propriamente tua. Então, se separares de ti mesmo, isto é, de tua mente, quaisquer coisas que outras pessoas façam ou digam, ou o que quer que tu mesmo tenhas feito ou dito até aqui; e todos os pensamentos perturbados a respeito do futuro, e o que quer que (seja pertencente a teu corpo, seja à tua vida) está fora da jurisdição de tua própria vontade, e o que quer que, no curso comum dos acasos e acidentes humanos, podem acontecer a ti; então, tua mente (mantendo-se solta e livre de todo emaranhado externo e coincidente; sempre de prontidão para partir) viverá por si mesma, e para si mesma, fazendo o que é justo, aceitando o que quer que aconteça e sempre falando a verdade; se, eu digo, tu puderes te separar de tua mente do que quer que por simpatia tenha aderido a ela e de todo o tempo, tanto passado quanto futuro, e tornar-te em todos os aspectos semelhante a Empédocles em sua esfera alegórica, "toda redonda e circular" etc., e pensares numa vida não mais longa do que aquela que é agora presente, então serás verdadeiramente capaz de passar o restante de teus dias sem transtornos nem distrações, com disposição nobre e generosa e em bom favor e correspondência com aquele espírito dentro de ti.

III. Eu me perguntei com frequência como poderia ser que, cada pessoa amando mais a si mesmo, dessem mais atenção à opinião de outros a respeito de si mesmo do que à sua própria. Pois se algum Deus ou mestre sério à espera devesse comandar que algum de nós pensasse coisa alguma por si mesmo senão aquilo que pudesse imediatamente pronunciar em voz alta, nenhuma pessoa poderia suportá-lo mal e mal por um dia. Assim tememos mais o que nosso próximo pensará de nós do que aquilo que pensamos nós mesmos.

IV. Como pode ser que os deuses, tendo ordenado todas as coisas tão bem e com tanto amor, deveriam negligenciar esta única coisa: que, enquanto tenha havido pessoas muito boas que fizeram muitos pactos, por assim dizer, com Deus e, por muitas ações sagradas e serviços externos, contraíram certa familiaridade com Ele; que essas pessoas, uma vez mortas, jamais devessem ser restauradas à vida, mas serem extintas para sempre. Mas disto podes ter certeza: que isso jamais teria sido ordenado desta forma pelos deuses se fosse adequado de outro modo. Pois certamente era possível, se assim fosse mais justo e se fosse de acordo com a natureza, a natureza do universo o teria facilmente aceitado. Mas agora, porque não é assim (se de fato não o for), está, portanto, confiante que não era adequado, então vê por ti mesmo que, buscando esta questão, discutes e contendes com Deus. Mas se os deuses não fossem tanto justos quanto bons no mais alto grau, não poderias argumentar assim com eles. Agora, se são justos e bons, não pode ser que, por ocasião da criação do mundo, devessem negligenciar injusta e irracionalmente alguma coisa.

V. Acostuma-te até mesmo àquelas coisas em relação às quais, a princípio, te desesperaste. Pois vemos a mão esquerda, que a maior parte do tempo fica inútil porque não utilizada, ainda assim, segura a rédea com mais força do que a direita, porque foi acostumada a isso.

VI. QUE ESTES SEJAM OS OBJETOS de tua meditação comum: considerar qual tipo de pessoas, tanto quanto à alma como ao corpo, devemos ser em qualquer momento no qual a morte nos surpreender; a brevidade desta nossa vida mortal; a imensa vastidão de tempo vinda antes, e que virá depois de nós; fragilidade de cada objeto material e mundano; considera todas essas coisas e olha claramente nelas mesmas, tendo removido e afastado todo disfarce exterior. Novamente, considerar a causa eficiente de todas as coisas: as finalidades e os direcionamentos próprios de todas as ações; o que é a dor em si mesma, o que é o prazer, a morte, a fama ou a honra; como cada pessoa é a base verdadeira e apropriada de seu próprio descanso e tranquilidade, e que nenhuma pessoa pode ser impedida por outra; tudo isso é conceito e opinião. Quanto ao uso de teus princípios, deves dedicar-te à prática deles, mais como um pancratiasta, ou alguém que, ao mesmo tempo, luta e combate com os pés e as mãos; do que como gladiador. Pois este, caso perca sua espada, está perdido; enquanto o outro ainda tem livre uma das mãos, que pode facilmente girar e controlar de acordo com sua vontade.

VII. TODAS AS COISAS MUNDANAS, TU deves contemplar e considerar, dividindo-as em matéria, forma e direcionamento ou seu fim apropriado.

VIII. QUÃO FELIZ É UMA PESSOA a quem foi concedido o seguinte poder: que não precise fazer nada senão aquilo que Deus aprova e que possa abraçar com contento o que quer que Deus lhe envie?

IX. O QUE QUER QUE ACONTEÇA no curso e consequência comuns de eventos naturais, nem os deuses (pois é impossível que eles, seja intencional, seja não intencionalmente, façam algo equivocado), nem os Homens (pois é por ignorância e, portanto, contra suas vontades que fazem algo equivocado) devem ser acusados. Ninguém, portanto, deve ser acusado.

X. Quão ridículo e estranho é aquele que se surpreende de qualquer coisa que aconteça em sua vida no curso comum da natureza!

XI. Ou é fado (e este, ou uma absoluta necessidade e decreto inevitável, ou uma Providência aplacável e flexível) ou tudo é mera confusão casual, vazia de toda ordem e governo. Se é uma necessidade absoluta e inevitável, por que resistes? Se é uma providência aplacável e compassiva, faze-te digno de sua ajuda e assistência divina. Se tudo mera confusão sem moderador nem governador, então tens razão para congratular por ter, em tal fluxo geral de confusão, obtido por ti mesmo a faculdade da razão, por meio da qual podes governar tua própria vida e ações. Mas se fores carregado pelo fluxo, pode ocorrer que teu corpo, por acaso, ou tua vida, ou alguma outra coisa que pertence a nós, que é carregada para longe; tua mente e entendimento não podem sê-lo. Ou deve ser como com a luz da vela, de fato brilhante e luminosa até que seja apagada; e deve a verdade, a retidão, a temperança deixar de brilhar em ti enquanto ainda tens alguma existência?

XII. Ao conceito e apreensão de que um tal e tal pecou, raciocina assim contigo mesmo: Que eu sei se isso é um pecado de fato, como parece ser? Mas se for, que sei senão que ele mesmo já se condenou por causa disso? E que é a mesma coisa que uma pessoa que arranhe e destrua o próprio rosto, um objeto mais de compaixão do que de raiva. Novamente, aquele que não aceita que uma pessoa vicioso peque é como aquele que não aceita que o figo seja úmido nem que a criança chore ou que um cavalo relinche, nem nada mais que no curso da natureza seja necessário. Pois o que fará quem tem tal hábito? Se fores poderoso e eloquente, remedia-o se puderes.

XIII. Se não for adequado, não o faça. Se não for verdade, não o fale. Sempre mantenha seu propósito e sua resolução livres de toda compulsão e necessidade.

XIV. De tudo o que se apresente a ti, considera de que verdadeira natureza é, e desdobra-o, por assim dizer, dividindo-o naquilo que é formal; naquilo que é material; no seu verdadeiro uso e finalidade e no tempo justo que é designado para durar.

XV. É chegada a hora para que compreendas que há algo em ti melhor e mais divino do que todas as tuas perturbações emocionais, apetites sensuais e afetações. O que é agora o objeto de minha mente, é medo, suspeição, luxúria ou qualquer coisa do tipo? Não fazer nada precipitadamente sem determinado fim; que este seja teu primeiro cuidado. O seguinte, não ter outro fim senão o fim comum. Pois, ai!, dentro em pouco e não existirás mais; nem mais qualquer uma das coisas que agora vês, nem dos homens que agora vivem. Pois todas as coisas são designadas pela natureza para, em breve, serem mudadas, transformadas e corrompidas, de tal forma que outras possam suceder em seu lugar.

XVI. Lembra-te de que tudo é opinião, e toda opinião depende da mente. Afasta tua opinião, e então, como um barco que se atracou nos braços e boca do porto, uma calma presente; todas as coisas a salvo e seguras; uma baía, intocada pelas tempestades e trovoadas, como o disse o poeta.

XVII. De nenhuma operação, qualquer que seja, parando por um momento, pode-se dizer que sofre mal porque está no fim. Nem daquele que é o autor da operação; não se pode dizer, a este respeito, que sofra algum mal porque sua operação está no fim. Igualmente, nem de todo o corpo de nossas ações (que é nossa vida) se, no tempo, ele cessar, se pode dizer que sofreu um mal por este motivo, porque está no fim; nem se pode dizer que está mal afetado aquele que pôs um ponto-final a esta série de ações. Agora, este tempo ou certo período depende da determinação da natureza; às vezes, de uma natureza particular, como quando uma pessoa morre velho; mas da natureza, em geral, contudo, as partes dela mudam uma após a outra; o mundo inteiro ainda continua fresco e novo. Agora, é melhor e mais oportuno aquilo que é bom para o todo. Assim parece da morte em si que ela não pode nem ser prejudicial ao particular, porque não é algo vergonhoso (porque nem é coisa que dependa de nossa própria vontade, nem é contrária ao bem comum) e, em geral, é tanto oportuna quanto adequada para o todo, de tal forma que, a este respeito, deve ser boa. Também ocorre que é aquilo que é trazido a nós pela ordem e designação da Divina Providência; de tal forma que aquele cujas vontade e mente correm ao lado do Divino decreto nessas coisas, e, por essa concordância de sua vontade e mente com a Divina Providência, é levado e dirigido, por assim dizer, por Deus, Ele Mesmo; ele pode ser verdadeiramente chamado e estimado como θεοφόρητος[22], ou divinamente levado e inspirado.

XVIII. Estas três coisas deves ter sempre de prontidão: em primeiro lugar, no que concerne a tuas próprias ações, que não faças nada inútil ou diferente daquilo que a justiça e a equidade requerem; no que concerne àquelas coisas que acontecem a ti externamente, que ou elas acontecem a ti por acaso, ou por providência; e acusar a qualquer um dos dois é igualmente contrário à razão. Em segundo lugar, que coisas como nosso corpo são rudes e imperfeitas até que sejam animadas e de sua animação até sua expiração; de quais coisas são compostas e em quais elas se dissolvem. Em terceiro lugar, como todas as coisas parecem vãs a ti quando, de cima, por assim dizer, olhando para baixo, contemplares todas as coisas na terra e a mutabilidade maravilhosa a que estão sujeitas; considerando, além disso, a infinita grandeza e variedade de coisas aéreas e celestiais que a circulam. E que, com tanta frequência quanto deres atenção a elas,

---

[22] Em grego no original, lê-se "theophóretos". Significa, literalmente, "carregado/levado por um deus". (N.T.)

ainda verás as mesmas coisas, a mesma brevidade da continuação de todas essas coisas. E vê, estas são as coisas pelas quais somos tão orgulhosos e nos insuflamos.

XIX. Expulsa de ti a opinião e estarás a salvo. E o que te impede de expulsá-la? Quando te afliges com algo, te esqueceste de que todas as coisas acontecem de acordo com a natureza do universo; e que isto só concerne àquele que está em erro; e mais, que aquilo que é feito agora é aquilo que sempre foi feito no mundo, e sempre será feito, e é feito agora em todos os lugares; e como todos os homens são proximamente aliados uns aos outros por um parentesco não de sangue nem de semente, mas da mesma mente. Esqueceste-te de que todo pessoa é partícipe da Deidade, e vem dela; e que nenhuma pessoa pode propriamente chamar algo de seu, nem seu filho, nem seu corpo, nem sua vida; pois todos procedem do Uno, que é o distribuidor de todas as coisas; que todas as coisas não são mais do que opinião; que nenhuma pessoa vive propriamente mais do que um instante de tempo que é agora presente. Portanto, que de nenhuma pessoa, em qualquer momento que morra, possa se dizer que perdeu qualquer coisa além de um instante de tempo.

XX. Que teus pensamentos corram por cima daqueles que alguma vez, por um motivo ou outro, foram movidos por extraordinária indignação; que estiveram em algum momento no mais elevado tom de honra ou de calamidade; ou de ódio e de inimizades mútuas; e de qualquer outra fortuna ou condição que seja. Então considera o que se tornou daquelas coisas. Tudo virou fumaça, tudo cinzas, e mera fábula; e talvez nem ao menos fábula. Assim também com o que quer que seja desta natureza, como Fábio Catulino no campo; Lúcio Lupo e Estertínio, em Baia, Tibério em Cáprea e Vélio Rufo; todos exemplos semelhantes do prosseguimento em assuntos mundanos; deixa também que estes corram por tua mente ao mesmo tempo; e quão vil é cada objeto de um prosseguimento sério e veemente; e quanto mais harmonioso para a verdadeira filosofia é que uma pessoa se porte de maneira justa e moderada em cada assunto que se lhe oferece, como alguém que segue os deuses com toda a simplicidade. Pois, para uma pessoa, ser orgulhoso e bem-conceituado pelo fato de que não é orgulhoso e bem-conceituado, é, de todo tipo de orgulho e presunção, o mais intolerável.

XXI. AOS QUE TE PERGUNTAREM, ONDE viste os deuses, ou como sabes com certeza que há deuses, de tal forma que és tão devoto em sua adoração? Eu respondo, antes de tudo, que até para os olhos eles são, de certa forma, visíveis e aparentes. Em segundo lugar, nunca vi minha própria alma e, ainda assim, eu a respeito e honro. Então, quanto aos deuses, pela experiência diária que tenho de seu poder e providência para mim e para os outros, sei certamente que existem e, portanto, os adoro.

XXII. NISTO CONSISTE A FELICIDADE DA vida: para uma pessoa saber completamente a verdadeira natureza de todas as coisas; qual é a matéria e qual a forma dela; com todo o seu coração e alma, sempre fazer o que é justo e falar a verdade. O que permanece senão aproveitar a tua vida em um curso e coerência de boas ações, uma sucedendo a outra imediatamente, nunca interrompidas nem sequer por um breve momento?

XXIII. NÃO HÁ SENÃO UMA LUZ do sol, ainda que seja interceptada pelas paredes e montanhas, e outros milhares de objetos. Há apenas uma substância comum de todo o mundo, ainda que seja reclusa e restringida em incontáveis corpos diferentes, de número infinito. Há apenas uma alma comum, ainda que dividida em inumeráveis essências e naturezas particulares. Assim também há apenas uma alma intelectual comum, ainda que pareça dividida. Quanto às outras partes destes gerais que mencionamos, como a almas e sujeitos sensitivos, estes, por si mesmos (como naturalmente irracionais) não têm referência comum uns aos outros, apesar de muitos deles conterem em si uma mente ou uma faculdade racional pela qual são regidos e governados. Mas de cada mente racional, esta é a natureza particular, de tal forma que ela tem referência ao que quer que seja de seu mesmo tipo e deseja unir-se; nem pode esta afeição comum, ou unidade e correspondência mútuas, ser aqui interceptada ou dividida, confinada a particulares como aquelas outras coisas comuns são.

XXIV. O QUE DESEJAS? VIVER POR um longo tempo? O quê? Aproveitar as operações da alma sensitiva ou da faculdade apetitiva? Queres crescer e decrescer novamente? Gostarias de ser capaz de falar, de pensar e de raciocinar contigo mesmo por um longo tempo? Qual destes te parece um objeto digno do teu desejo? Agora, se de todas estas coisas achares que são de pouco valor em si mesmas, proceda ao último, que é, em todas as coisas, seguir a Deus e à razão. Mas que uma pessoa se aflija que será privado de todas estas coisas pela morte é tanto contra Deus quanto à razão.

XXV. QUE PEQUENA PORÇÃO DA VASTA e infinita eternidade é designada a ti, que é permitida a todos nós, e quão brevemente se esvanecerá na idade geral do mundo; da substância comum e da alma comum também que pequena porção é designada para nós; e em que pequeno torrão de toda a terra (por assim dizer) rastejas. Após teres corretamente considerado estas coisas contigo mesmo; não imagines nada mais no mundo ser de mais gravidade e monta do que isto: fazer apenas o que tua própria natureza requeira; e a conformar a ti mesmo àquilo que a natureza comum proporciona.

XXVI. QUAL É O PRESENTE ESTADO do meu entendimento? Pois aqui jaz tudo, de fato. E quanto a outras coisas, estão fora do alcance da minha própria vontade; e se fora do compasso de minha vontade, então são como coisas mortas para mim, como se fossem mera fumaça.

XXVII. AGITAR EM UMA PESSOA O desprezo pela morte, entre outras coisas, é de bom poder e eficácia, de tal forma que, mesmo aqueles que estimam o prazer como felicidade e a dor como miséria, apesar disso, desprezaram a morte tanto quanto outros. E pode a morte ser-lhe tão terrível, a quem apenas parecer ser bom aquilo que, no curso comum da natureza, é oportuno? Àquele que, sejam suas ações muitas, sejam poucas, que sejam todas boas, é a mesma coisa; e àquele que, vendo as coisas do mundo como sendo sempre as mesmas por muitos anos, ou por alguns apenas, é absolutamente indiferente? Ó pessoa, como cidadão viveste e conversaste nesta grande cidade que é o mundo. Se só por tantos anos ou não, que diferença faz? Tu viveste (disso podes ter certeza) tão longamente quanto as leis e as ordens da cidade requeriam; o que pode ser de conforto comum a todos. Por que deveria ser uma aflição para ti (nem um tirano, nem um juiz injusto, mas) que a mesma natureza que te trouxe aqui, agora te envia para fora do mundo? Como se pretor devesse justamente dispensar do palco aquele que ele havia chamado para atuar um pouco. Oh, mas a peça não acabou ainda, só há três atos já completos dela? Disseste bem: em matéria de vida, três atos formam uma peça inteira. Agora, estabelecer certo tempo para a atuação de todos os Homens pertence apenas àquele que, em primeiro lugar, era a causa de tua composição, e agora é a de tua dissolução. Quanto a ti, não tens nada a ver com nenhum dos dois. Vai pelos teus caminhos, então, bem satisfeito e contente: pois é ele quem dispensa a ti.